U0694252

中学语文及写作教学新思路

王芳 著

吉林出版集团股份有限公司
全国百佳图书出版单位

图书在版编目（CIP）数据

中学语文及写作教学新思路 / 王芳著. -- 长春：
吉林出版集团股份有限公司, 2023.5

ISBN 978-7-5731-3612-1

Ⅰ.①中… Ⅱ.①王… Ⅲ.①中学语文课—教学研究
Ⅳ.①G633.302

中国国家版本馆CIP数据核字(2023)第105405号

中学语文及写作教学新思路

ZHONGXUE YUWEN JI XIEZUO JIAOXUE XIN SILU

著　　者　王　芳
责任编辑　祖　航
封面设计　王　哲
开　　本　710毫米×1000毫米　1/16
字　　数　211 千字
印　　张　12.5
定　　价　72.00元
版　　次　2024年1月第1版
印　　次　2024年1月第1次印刷
印　　刷　北京厚诚则铭印刷科技有限公司

出　　版　吉林出版集团股份有限公司
发　　行　吉林出版集团股份有限公司
地　　址　吉林省长春市福祉大路5788号
邮　　编　130000
电　　话　0431-81629968
邮　　箱　11915286@qq.com
书　　号　ISBN 978-7-5731-3612-1

前　言

　　中学语文课程致力于培养学生的语言文字运用能力，提升学生的综合素养，为学好其他课程奠定基础，对学生形成正确的世界观、人生观、价值观，形成良好个性和健全人格起促进作用，并且为学生的全面发展和终身发展贡献力量。中学语文课程的多重功能和奠基作用，决定了它在教育体系中的重要地位，在语文教学过程中，为了更好地培养学生的综合素养和逻辑思维能力，就需要通过丰富多彩的教学方式拓展学生能力，让学生能够在语文课堂中进行深度学习，从而激发学生的学习积极性，促进学生语文核心素养的提升。另外，在中学语文中，写作能力是最能体现学生语文综合能力的一个方面，因此，写作教学是语文教学的重中之重，怎样培养与提高中学生的写作能力已成为语文教师必须解决的一个难题。

　　鉴于此，笔者以"中学语文及写作教学新思路"为题，首先从三个方面阐述中学语文教学方面的内容，即中学语文教学概论、中学语文的多元教学方法、中学语文的教学策略探究，其次探讨中学语文写作教学新思路，内容包括中学语文写作教学及有效性分析、中学语文写作教学技巧与创新思路、中学语文写作教学模式及其应用探索。

　　本书的写作涵盖了两方面的特色：一是整体性，本书全面地对中学语文教学的相关内容进行了探讨和解读；二是针对性，深入浅出地对中学语文写作手法、技巧以及创新进行探讨和解读。通过此书，读者不仅可以掌握大量的实用方法，而且有助于理解语文与写作的体系和全貌。

　　笔者在写作本书的过程中，得到了许多专家学者的帮助和指导，在此表示诚挚的谢意。由于笔者水平有限，加之时间仓促，书中所涉及的内容难免有疏漏之处，希望各位读者多提宝贵意见，以便笔者进一步修改，使之更加完善。

目 录

第一章 中学语文教学概论 ································· 1

  第一节 中学语文教学及核心素养解读 ·················· 1

  第二节 中学语文教学内容的确定依据 ·················· 43

  第三节 中学语文课堂教学的有效性探索 ················ 46

第二章 中学语文的多元教学方法 ····················· 50

  第一节 中学语文教学中的自主与合作学习 ·············· 50

  第二节 中学语文教学中的情境式学习方法 ·············· 66

  第三节 中学语文教学中的探究性学习方法 ·············· 68

  第四节 中学语文教学中的学生思维能力培养方法 ········ 71

第三章 中学语文的教学策略探究 ····················· 73

  第一节 中学语文主题单元教学策略 ··················· 73

  第二节 中学语文学习任务群教学策略 ·················· 85

  第三节 中学语文整本书阅读教学策略 ·················· 93

  第四节 基于语文核心素养的中学自读课教学策略 ········ 125

第四章 中学语文写作教学及有效性分析 ··············· 128

  第一节 中学语文写作教学的体系 ····················· 128

  第二节 中学语文写作教学的过程 ····················· 135

  第三节 中学语文微型写作教学探究 ··················· 137

  第四节 中学语文写作教学的有效性 ··················· 138

第五章　中学语文写作教学技巧与创新思路·························· 140

　　第一节　中学语文写作的表达方式与作文技巧·············· 140

　　第二节　中学语文写作的作文手法与整体把控·············· 152

　　第三节　中学语文写作的教学水平与创新策略·············· 160

　　第四节　中学语文写作教学的创新思路探索·············· 162

第六章　中学语文写作教学模式及其应用探索·················· 165

　　第一节　中学语文读写结合教学模式及其实施·············· 165

　　第二节　基于深度学习的中学语文写作教学策略·············· 166

　　第三节　交流写作范式在中学语文教学中的应用·············· 169

　　第四节　信息化背景下中学语文写作教学模式与应用············ 172

　　第五节　分层教学模式在中学语文写作教学中的应用············ 185

参考文献·· 188

第一章　中学语文教学概论

第一节　中学语文教学及核心素养解读

一、中学语文教学

（一）中学语文教学价值

1. 中学语文教学价值的存在形式

（1）中学语文教学的个体价值

第一，学生人文素质的提升。人文指的是社会人伦，具体表现是尊重、关心和爱护他人。学校的教育目标应该是将学校的学生培养成高水准、高素质的和谐型人才。语文课程对学生人文素质的提升具有深远的影响，因为语文本身具有丰富的文化底蕴和人文内涵，学生人文素养的培育正需要这种正能量的浇灌。学生人文素质的提升如图1-1所示，包含以下三个方面：

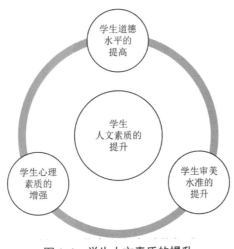

图1-1　学生人文素质的提升

①学生道德水平的提高。弘扬道德品格、培养学生勇于开拓的精神是学校教育的根本出发点。学校开设的课程各有特殊性，但是共同之处在于培养学生的品德。在德育方面，语文教学具有特殊的天然优势，主要表现为教学形式多种多样，教学内容丰富多彩。在中学语文的教育与教学过程中，选取教材的环节经过了仔细考虑，选择的作品通常包含文学家的杰出思想。无论是先秦时期的杂文、明清时期的长篇小说，还是近代流行的文学新作，都是凝聚着中华民族优良品德与民族精神的无形资产。在系统化学习语文课程知识的同时，学生的心灵得到了净化。并在其漫长的、潜在的引导和鼓舞下，学生的道德水平得到了进一步提高。②学生审美水准的提升。文学作品本身具备审美价值。在学习过程中，学生不仅要学习科学和文化知识，还应该拥有多种技能，这是中学开设语文课程的重要原因。中学阶段的语文教育，主要借助阅读和欣赏文学作品等方式，对学生进行审美教育。文学鉴赏是指学生在鉴赏文学作品时所获得的美感享受。在阅读中，学生既能拓宽视野，对世间万物形成更深层次的认识，又能体会生活于世间的美好，使身心进入放松状态，培养深厚的人文情怀与美学情感。散文、诗歌、戏剧、小说等文体借助优美的语言，描绘形象逼真的人物与生动有趣的画面，将多姿多彩的大千世界悄然地呈现出来，丰富学生对美丽世界的认识。③学生心理素质的增强。学生在生活、学习、就业等各个领域都面临着巨大的压力。语文课程作为重点学科内容，既能向学生传授知识，又能作用并影响学生的心灵、性格。载入语文教材的都是古代和现代的优秀作品，这些作品包含的哲学意蕴，需要学生仔细研读并认真领会，在耳濡目染之下，使心灵境界得到净化与升华。

第二，学生思考能力的培养，具体体现在以下两个方面：①培养学生的批判思考能力。每一部文学作品的出版，都经过了作家数百次的推敲和修订。在一定程度上，文学作品体现出作家的精神状态并反映出作家所处的时代背景，甚至部分作品包含着较为尖锐的批判观点。因此，学生必须具有一定的思考和判断能力。②培养学生的创作思考能力。每一部文学作品的问世都是作家灵感创作的结果。因此，学生在阅读文学作品的过程中，必须培养创造性思维，从而为自己将要进行的文学创作提供必要的条件。

"学生有创新，民族有希望。"中学生是决定国家前途与命运的新兴力量。他们思想活跃，对世界充满了好奇心，具备极强的接受新事物的能力。中学生的创新意识和创新能力，对民族的长远发展具有重要影响。

在阅读文学作品的过程中，中学生应该乘着想象的翅膀，将文学作品中描述的内容与实际情况联系起来，将文学常识转化为日常的知识储备。该过程不仅对学生习得知识有帮助，而且对培养并提升学生的创新意识和创造能力有巨大的帮助。

（2）中学语文教学的社会价值

第一，语文课程教学中的文化价值。中国传统文化博大精深、兼容并蓄，流传至今，其中大部分的优秀传统文化被保留了下来。中学语文的教学内容以历代名篇佳作为主，是从传统文化宝库中挑选的精品。作品中有对正直和善良的赞扬，也有对虚伪和丑恶的批判。总而言之，通过语文课程的学习，学生有幸了解了中华民族的传统文化知识，接受了传统美德的精神洗礼。最重要的一点是思想境界被打开，可以用发展的、辩证统一的眼光看历史和世界，在学习中将优秀传统文化传承下去。

第二，语文课程教学中的经济价值。语文课程中的经济价值，主要指的是语文对人和社会发展具有的经济意义，社会经济的发展受到语文课程的促进作用。但是语文需要把劳动者作为媒介载体来实现对社会经济的间接作用，经济发展的主体是人，开设语文课程也是为了谋求人的发展，人在取得一定发展后可以通过经济活动创造出经济价值。

第三，中学语文教学的生态价值。随着全球环境的不断恶化，人类意识到要保护生态环境。语文课程是专门提高人们文化素质教育的课程，中学语文的教育理念和生态文明建设的理念相统一，可以教导学生从现实生活做起，爱护环境。

语文教学可以帮助学生认识到自然的神秘力量，认识到保护生态的重要性，培养学生正确的生态意识，激发学生对自然界的热爱，使学生加入保护生态环境的行动中。语文教学能通过其独特的教学方法和教学内容，引导学生把对大自然的尊重和热爱，间接转化为自己的生态观念，并且和自己的价值观相互作用、相互影响，最终体现在行动上，积极地参与社会实践。

2. 中学语文教学价值的实现路径

（1）改善语文教学的环境

第一，明确中学语文课程的重要地位。语文课程在学生和社会的发展中起着重要且不可替代的作用。语文占据着中学教育的重要地位，它的出现适应时代的潮流，与生活实践息息相关。语文课程的存在是有价值的，学生在经历了中学语文的课程教育后，知识系统会得到初步完善。同时，语文课程还可以从更深层次作用于学生的精神思想、审美情趣和价值观等。总而言之，语文课程可以让学生发展得更好，走得更远。

第二，强化师资力量。为了提高中学语文的教学质量，必须重视教师队伍的稳定性，并重点打造一支强有力的、高素质的教师队伍。学生对于更换教师普遍表现出从接纳到调整的心理转变过程。在语文教学和语文知识的学习过程中，教师比较频繁地更换，将对学生的正常学习造成很大的影响，加重学生对语文课程的抵触心理，导致学生不愿意再积极主动地学习语文课程。

语文学习内容涉及的范围极为广泛，学生需要学习并掌握的知识种类繁多，这增加了教师开展教学活动的难度。目前，中学招聘语文教师，不仅要求应聘者对所讲授的学科知识有一定的了解，还要求应聘者掌握哲学、历史学等学科知识。在讲课过程中，语文教师不仅能够有效活跃课堂氛围，还能为学生提供教材之外的知识，帮助学生开阔眼界。另外，由于语文学科的特殊性，对语文教师的思想水平和道德素质提出了更高的要求。尽管语文属于基础课程，但是目的在于培养高素质的学生。由此可见，学生极易被语文教师自身的人生观、世界观和价值观所影响。

语文教师队伍想要发展得更好，学校可以从两方面着手改进：首先，拟聘部分专业素养高、层次水平高的专业人士来校任教；其次，在学校任教的教师应该严格要求自己，以教书育人为己任，不断提高自身专业文化素质和道德品行修养，身体力行地去影响学生，促进学生更好地发展。

（2）语文教学要进行内部改革

第一，规范中学语文教材。①语文教材必须具备启发性和综合性。我国文学史源远流长，应当有针对性地将文学史上的经典案例编纂进中学语文教材。在选择教材时要综合考虑，从宏观上把握，从年代上区分，在选用教材内容时，应该选择最具代表性的当代优秀文学作品，确保学生对我国文学发展历史能够形成既广泛又深刻认识。在编排中学语文教材时，应该以我国的传统文化为主，同时吸收外国文化精华。一部好的教科书应当对中西文化兼收并蓄，使之达到中西结合、取长补短的目的。在编写中学语文教材的过程中，可以酌情选取带有争议性和讨论性的著作，便于学生在学习过程中主动地探讨教材内容，自主表达观点，以此突破常规思维模式的限制，确保学生从不同的思想立场、不同的角度思考存在争议性的问题，既能在教学活动中学到文学知识，又能有效锻炼学生的交流能力和思维能力。②语文教材的庞杂内容与归类属性。语文教材的编写应当以文学时代顺序为依据，按照体裁及主旨对文学作品分单元归类。这种分类的便利之处是，教师和学生可以有序整理教材的总体内容，这对后期教师开展教学工作以及学生学习语文知识具有较大的帮助。学生在学习语文单元知识的过程中，按照既定的学习进度，感受不同文学作品的精神境界，此种学习体验将极大影响学生阅读和写作能力的提升。

一本好的教材，在编写时越是认真，就越是有利于学科边界的清晰划分。既可以为教师提供更多的施展余地，又可以拓宽学生的知识面，为教师自由发挥创造理想的空间，帮助学生开阔眼界，强化语文学习素养。

第二，提高中学语文教学水平。①教师与学生之间的相互作用，充分调动了学生的学习积极性。对于教师来说，为了充分发挥学生的主体作用，应该在语文教学中采用自由研讨的方式。②以课堂教学为主体，将课堂教学活动和课外教学活动有机融合起来。促进课堂学习与课后学习紧密结合，将各种课后学习活动转化为课堂学习任务。在课余时间里，学生能够接触到更多不同的文学形式，从而提高自身的文学认识水平、文学欣赏能力、文学审美素养。学生可以参加一些内容丰富的语文课外活动，如社团活动、学校组织的演讲活动、文学杂志的创办活动等，借此培育文化底蕴，从事学术研究，积累参加各类活动的经验。③运用现代科技改进教育手段。借助多媒体技术，使文学作品更加完整地呈现在学生面前，生动活泼的展现形式可以刺激学生的感觉系统，使学生围绕文学作品产生更多的联想，突破常规的教育模式，确保学生可以全身心沉浸在文学环境中，感受文学素养的熏陶。这种先进的教育模式，能够更好地提升学生的学习自主性，有效地培养学生的创造力和想象力，从而深化学生对文学作品的理解水平。

第三，完善语文考核手段。语文考核的主要目的是考查考生的整体语文素养水平。完整、合理的评价标准，通常可以分为两个层次：①有效评价学生在语文教学活动中的行为表现。根据学生的日常学习状况以及学生完成语文作业的情况，计算学生的语文总成绩，这样可以激励学生努力学习，以使考核标准更加公正。②系统归纳日常知识，通过闭卷考试了解学生的记忆能力，借助开卷考试全面考查学生总结知识点的能力。比如，可以要求学生围绕相关主题撰写文章，在论述观点的同时，探讨并交流看法。

（二）中学语文的教学方法

中学语文的教学方法如图1-2所示，包括以下几点：

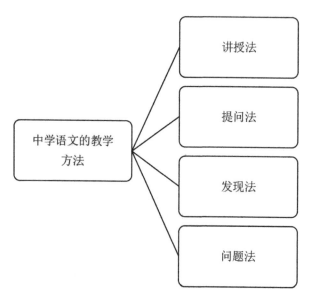

图 1-2　中学语文的教学方法

1. 讲授法

讲授法的必要性、优越性十分突出，但是它的缺陷也是十分明显的。语文教学的目标是培养学生的读写与口语交际能力，而该能力的形成不是听的结果。教师靠讲是无法达成能力目标的。教师为了提高学生写的能力可以进行必要的写作知识讲解，也可以讲述可供学生借鉴的一些优秀作品的特点。但学生还应该把教师讲授的这些知识转化为能力。

2. 提问法

提问是教师的提问，即发问。提问是语文教学非常重要的常规教学方法，它的功能是多方面的，具体如下：

（1）提问可以激发学生的兴趣

我们知道学生对知识的需求常常处在一种潜伏的状态之中，要激活这种状态，就要激发、调动，提问无疑是有效办法。不仅如此，提问还可以唤醒学生的潜能。

（2）提问可以促进学生的思维发展

思维始于问题。思维是以解决问题为目的的思想活动，有了问题就会有思维活动。教师的提问是促进思维发展的外因，具有以下三个方面的特征：①对学生思维发展具有方向性；②对学生思维发展具有指导性；③对学生思维发展具有强化性。因此，教师精心设计提问是十分必要的。

（3）提问可以帮助学生加深理解课文

在语文课程讲授过程中的提问，可以引导学生深入理解课文。与此同时，提问还有反馈的功能、培养学生表达能力的功能、辅助课堂管理的功能等。

3. 发现法

在中学语文教学中，教师让学生独立思考，学生总会有一些意想不到的回答和提问。学生在学习过程中自己主动发现问题和解决问题的学习是发现学习。在教学中，教师启发诱导学生通过对文章的阅读，积极思考，自行发现未曾认识的道理、结论，这样的教学方法就是发现教学。

发现教学法的主要特点是从青少年好奇、好问的心理特点出发，由教师引导、启发，依靠教师和教材所提供的材料，让学生自己去发现问题和解决问题，使他们成为"发现者"，而不是奉送现成的结论，让学生被动接受。正因如此，发现教学法强调过程。学生的学习过程是自我发现的过程，也是自我发展的过程。学生在解决问题的过程中学会学习，得到发展。

4. 问题法

（1）"问题教学"

"问题教学"与"发现教学"是有区别的。比如，在阅读的过程中，学生不可避免地会产生阅读困惑。借助持续阅读或重复阅读，有些困惑可以得到解答，但是有些困惑不能得到解答。如果困惑得不到解答，就必须借助提出问题的形式，在教师的指导下，深入阅读材料发现问题解决的线索，这就是问题教学法，简称"问题法"。

问题教学法和发现教学法有相似之处，都强调在学习过程中学生可以发挥主体作用，并突出表现为学生自主阅读和思考的独立性。问题教学法和发现教学法均重视语文阅读训练，尤其是语文阅读的创新训练，二者都强调学生应该理解并学会探索问题的方式。然而，问题教学法和发现教学法也存在差别，二者的不同之处在于问题教学法以"问题"为核心，强调"提问式"的"问题意识"，发现教学法强调"发现式"的"发现意识"。虽然"发现"包含了"发现问题"，但是问题教学法中的"问题"与发现教学法中的"问题"不同，其重点并不在于"疑"，而在于待考察的"矛盾"，或者说是关于"文本自身"的问题。当然，"发现"的对象并不仅限于文本本身，与文学作品阅读有关的"问题"都可以成为"被发现"的对象。由此可见，与问题教学法相比，发现教学法属于深层次具有探究性质的教学方式。

（2）让学生提出问题的原因

语文课程教学通常采用教师讲、学生听的方式进行，缺乏学生的读与思，而中学语文课程教学的目的是要把学生培养成"善于读书的人"，因此需要他们学会思考、学会提问以便更会学习。

（三）中学语文的教学过程

中学语文教学目的需要通过一定的教学过程来实现，教学规律必然在教学过程中发挥其客观影响，教学原则也需要在一定的教学过程中去贯彻，教学内容必然负载于教学过程，教学过程必然伴随某种教学方法。教学过程是教学论中一个绕不过、避不开的论题，探究语文教学过程的"生成"，有必要先弄清楚教学过程及其本质。

1. 中学语文教学过程的特性

中学语文教学过程主要有以下特性：

（1）教学过程是双边互动的过程

教学过程强调师生双方的共同参与，"教"与"学"处于同一教育活动中。中学语文教学过程是师生共同开展教学活动和实现教学目的连续的过程，而不是教师或学生单方面的、随意的行为动作，更不是某种一成不变的形式或状态。教师和学生，他们当中任何一方的能动性都不能够被忽略。学生的"学习"的确离不开教师的指引，但同时，也必须通过学生自己的认识、实践活动才能把人类宝贵的知识和经验内化。这种内化不是教师或任何一个旁人所能替代完成的。师生双方在这一过程中相互依存、相互影响，使得教学活动的状态不断交替变化，形成现实的、具体的教学过程。

（2）中学语文教学过程是一个流动变化的过程

我们在承认师生共同参与教学过程的基础之上，在肯定教学过程存在着师生之间的交流和沟通并碰撞出思维火花的前提之下，不能不注重教学过程的"流动"。中学语文教学过程主要是通过师生的语言活动得以展开的。教学过程的流动性，指的是一堂课的教学过程中所包含的各种基本信息和定义都伴随教学语言有秩序、递进的变化，并最终引向或指向教师的目标。

2. 中学语文教学过程的内容

（1）中学语文教学过程是特殊的认识与实践过程

中学语文教学过程是一个认识和交往实践相统一的过程。语文教学过程又不完全等同于一般的教学过程，它具有自己的特殊性，这种特殊性同样表现在认识和交往实践两个方面。

第一，中学语文教学过程是特殊的认识过程。①学生认识对象的特殊性。人们认识世界的过程是探索尚未发现的客观真理的过程。语文教学过程不是直接去发现人类未知的东西，而是接受前人已经总结出来的语言文字知识，通过学习间接经验为主。这样，学生才有可能在最短的时间内获得前辈们在漫长的岁月里才能获得的知识。②学生认识任务的特殊性。语文是一门人文学科，是工具性与人文性的统一。与其他学科相比，语文教学过程是学生的认知活动。不仅要求学生掌握语言文字知识，使听、说、读、写能力获得和谐发展，同时还要对学生进行情感的培养、人格的塑造，形成正确的世界观、人生观和高尚的思想品德。

第二，中学语文教学过程是特殊的实践过程。①交往实践目的的特殊性。语文教学过程要引导学生掌握书本上的阅读、写作、口语交际、综合性学习等方面的理论知识，同时要将其掌握的理论知识用于实践，从而能够正确地运用祖国的语言文字。②交往实践环境的特殊性。语文教学必须联系实际、联系现实，但是教学的特殊性决定了师生交往实践活动多限于学校这个特定的教学环境之中。教师根据教学任务，事先进行规划设计，对学生进行引导、调节，达到预期目的的活动。

（2）中学语文教学过程是师生共同发展的过程

语文教学过程是师生双方共同参与的特殊的认识和交往实践过程。在这个过程中教师和学生都会发生改变，获得发展。所谓"学然后知不足，教然后知困。知不足然后能自反也，知困然后能自强也，故曰教学相长也"（《礼记·学记》）。意为教和学两方面互相影响和促进，都得到提高。

教师是教学过程的主导，通过自己的言谈、举止、情感等个人特征对学生施加影响，对学生的学习产生作用。同时，学生在教学活动中的行为特点以及需要、兴趣、态度等也在对教师产生反作用力，影响教师的教学行为。学生总是期望自己的教师学识渊博、待人和蔼、对工作热情负责、对学生关怀爱护、能理解学生，同时也希望教师的讲课准确、清晰、流畅、逻辑性强，这些期望和学生的其他一些需要会对教师产生积极的作用，成为推动教师前进的动力，让教师明白要满足学生的需要，做到教学游刃有余，只有学习、学习、再学习，才能不断地提高和完善自己。

（3）中学语文教学过程是多向对话的过程

教学原本就是形形色色的对话，具有对话的性质。语文教学过程是一个复杂的对话过程，包含多组对话关系：教师与学生的对话、学生与学生的对话、师生与文本的对话。

课程教学对话是基于文本和问题展开的。阅读是读者与文本相互对话并构建意义的生成过程。首先，教学是教师与文本的对话。教师在其设计和规划整个教学活动之前，要与文本进行对话，将其内化为自己的东西；其次，在教学过程中，根据文本的内容和特点，制定相应的教学策略，引导学生激活原有的知识，与文本进行对话，去自行发现、自行建构文本的意义。

教学过程的对话还包括师生与教学环境的对话。课程教学是一个动态生成的过程，有一定的不可预测性。因此，教师必须打破课前预设性教学设计的局面，坚持将计划性与生成性课程资源有机结合起来。优秀的教师总是善于捕捉和利用那些稍纵即逝的生成性教学资源，让学生在课堂中充满灵性和激情。

（四）中学语文的教学设计

1. 中学语文教学设计的流程

（1）分析处理教材

教材是教学的凭借和依据，所以中学语文教学设计的第一步是从教学的角度分析处理教材。

第一，熟悉教材体系。语文教材的体系是深寓于表面上互不联系的单篇文章或单元组合之中的，认识和掌握有一定难度。因此，能否准确把握教材体系是决定教学成败的关键。无论使用哪种版本的语文教材，在进行一篇课文的教学设计时，先要熟悉它的教材体系，即了解整个教材的基本内容、知识体系、结构特点以及各部分知识之间的内在联系和逻辑关系，厘清教材内容是怎样循序渐进地加以组织的。只有全面熟悉教材，进行教学设计时才能够整合内容、目标明确、前后照应。

第二，掌握单元信息。语文教材的基本结构形式是单元组合。因此，要在熟悉教材体系的基础上，对这篇课文所处的单元进行深入研究。

第三，解读文本，确定教学内容。"文本"就是指包含丰富教学信息的，可供学生、教师与之对话的阅读材料的总和。教学中的"文本"呈现形式，可以是语言文字，如一篇课文、一段文字或一句话，也可以是课文中的有关插图。教师先要对文本有自己的感悟、体验，才能引领学生去感悟、体验，才能与学生展开平等的对话。文本解读是否精准直接决定教学的成败。教师要踏踏实实地细读文本，并对文本进行加工，将文本内容转化为教学内容。

（2）准确分析学情

准确的学情分析可以增强教学设计的针对性，有利于教师选择合适的教学内容和教学方式，有利于节约课堂中教学的时间以及提高单位时间的教学效率。可见，分析学情是教学设计的起点和落脚点。

（3）设定教学目标

"教学目标"是指教学活动实施的方向和预期达成的结果，是一切教学活动的出发点和最终归宿。课程教学目标是课堂教学的灵魂，高效的课堂教学从目标设计开始。课程教学目标的科学确定，可以为执教者选择教材内容、教学方法、教学手段及科学评价教学效果提供基本依据，也可以为学习者提供明确的学习方向。

（4）教学实施过程

课程教学过程指的是中学语文课堂教学实施过程，即通过教师的引导和学生的学习，共同努力，从而达成教学目标的过程。

第一，教学过程的基本要素。教学过程是一个科学的系统，而系统是由很多要素构成的，各要素间的联系会产生系统的整体功能。

第二，教学过程设计的要求：①教学思路清晰简明。教学思路就是教学过程的思维走向，是隐性的，它表现出来就是教学的步骤、层次。教学思路首先要清晰，清晰的教学思路能够表现出教学过程中步与步、层与层之间关系的合理性，并且符合学生学习语文的规律；教学思路还要简明，简单明晰的教学思路既便于操作，又显现出教学的层次之美。但越是简明的思路越是难以设计，这是因为教师会在众多的教学内容面前无所适从，所以应该避免教学步骤过于细碎。②教学重点、教学难点突出。教学重点是依据教学目标，在对教材进行科学分析的基础上而确定的最基本、最核心的教学内容。教学难点是指学生不易理解的知识或不易掌握的技能技巧。另外，教学重点和教学难点都是依据课程标准、教材内容、学情等确定的。教学重点、难点的突破是一节课必须达到的目标，也是教学设计的重要内容。③教学环节安排合理。教学环节就是教学过程中具体的步骤，语文课的教学环节一般可分为导入新课—讲授新课—强化巩固—总结拓展几个部分。教学环节的设置要求内容充实精要，适合学生的理解水平；层次与结构合理，过渡自然，步骤清晰，便于操作；能够理论联系实际，注重教学互动，启发学生思考，培养学生分析问题、解决问题的能力。④教学方法与教学手段选用恰当。在每个具体的教学环节设计中要考虑教学方法和教学手段的选用，即明确：选用哪些教学方法和教学手段、何时用、怎样用。教学方法和教学手段繁多，并无定法，贵在得法。⑤实施教学评价。教学评价就是对照原先确定的教学目标，测量、诊断与评价每一位学生是否达到既定的教学目标，并将其作为修改教学设计的依据。

以上所述是中学语文教学设计的基本流程，其中有些步骤可以同步完成，如分析教学内容时也可以分析学情、设定教学目标时也可以理出大致的教学思路。所以在实践中可以灵活处理，并不一定要严格按照上述顺序操作。

2. 中学语文教学环节的设计

语文课程教学环节是教学过程中的具体步骤，它是教材分析、学情分析、教学目标设定等前期准备在教学过程的具体体现。因此，教学环节的设计十分重要。以下探讨教学环节中关键因素的设计要求：

（1）导入

"导入"是指课程开始时教师为了进入本堂课学习内容而采取的教学行为，因以话语讲述的形式为主，所以又被称为"导语"。导入通常是一个独立的教学环节，并且是课堂教学中的第一个环节。

第一，导入的作用。①吸引学生的注意。任何学习活动都开始于学生的注意，注意是一扇门，吸引学生进入课堂教学。因此导入就是为了吸引学生的注意，让他们把注意力集中到课堂教学中来。既然要吸引学生注意，导语设计就应该唤起学生的情绪反应，使他们产生新奇感、惊异感，将注意力很快集中到课堂上来，不至于分心。②激发学生学习的兴趣。只把学生的注意力吸引过来是不够的，导入还要尽量保持学生的这种注意力，也就是激发学生学习的兴趣。学习兴趣能够促使学生去主动学习，主动学习就能够保持这种注意力。③提示教学内容。导入能够紧扣教学内容、围绕教学目的做相关提示，使学生在上课伊始就知道后面究竟要学习哪些知识。

第二，导入的设计要求，见表1-1。

表1-1 中学语文教学导入的设计要求

设计要求	具体内容
设计具有启发性	实践证明，积极的思维活动是课堂教学成功的关键，教师若能用富有启发性的导入去启发学生的思维活动，那么就为学生顺利地理解新的学习内容创造了前提条件。为了达到启发的目的，导语的设计应注意给学生留下适当的想象余地，让学生能由此想到彼，由因想到果，由表想到里，由个别想到一般，收到启发思维的教学效果
设计具有针对性	具有针对性的导入能满足学生的听课需要，帮助实现课堂教学的既定目标。导入在针对性上主要体现在两个方面：一是要针对教学内容而设计，使之建立在与所授内容的内在联系的基础上，应服从于一堂课的整体，而不能游离于教学内容之外；二是要针对学生的年龄特点、心理状态、知识能力基础、爱好兴趣的差异程度
设计需要简洁	简洁是智慧的核心。因此，要精心设计导入，力争用最少的话语、最短的时间（一般控制在三分钟以内），迅速而巧妙地缩短师生间的距离以及学生与教材的距离，最大限度地提高课堂教学效果
设计要求实效	导入不管采取怎样的形式，都要吸引学生注意力、激发学习兴趣、提示教学内容，这样才能收到实效。有的教师没有认识到导入与主体教学之间不可分割的密切联系，仅仅把导入看成一种必要的形式，所以常常为了导入而导入，出现了一些形式化的偏差，效果自然也不佳

（2）结束

结束，顾名思义就是课堂教学将要结束时，教师引导学生对所学知识与技能进行及时的总结、巩固、扩展、延伸与迁移的教学活动。结束一般情况下是一个独立的环节，并且是课堂教学中的最后一个环节。

第一，结束的作用。中学语文课堂教学中，绝大部分教师很重视课堂教学的导入设计，而对课堂的结束设计不够重视。其实，如果把语文课堂教学过程比作一出戏剧，那么导入就是这出戏的序幕，结束则是这出戏的压轴部分，虽然时间不长，却是语文课堂教学环节中一个不可缺少的重要组成部分。不同的结束方式有不同的作用：通过总结梳理，帮助学生当堂消化、理解、巩固强化所学的内容；通过比较联系，引导学生温故而知新；通过拓展延伸，引导学生将目光延伸到课外、主动学习等。

第二，结束的要求：①联系内容。结束是教学过程的一部分，所以结束的设计要从属于课堂内容的安排，要与课堂内容相关联，切忌离题万里、不着边际。②尊重主体。学生是学习的主体，结束的设计要与学生的认知背景有某种程度的契合，以学生的欣赏品位为标准，让学生受到启发、有所共鸣。③新颖有趣。在与课堂内容相关的前提下，尽可能做到形式新颖、方法独到，使每节课的结束语呈现不同的特点，让学生在课堂教学结束后仍兴趣不减，有依依不舍之感；力避千篇一律、缺少变化。

第三，结束的原则。结束的原则需要突出三个方面，见表1-2。

表1-2 中学语文课堂教学结束的原则

主要原则	具体内容
体现教学目的原则	结束技能的应用，需要贯彻落实到教学起始环节、中间环节和结束环节，以提出教学目的、推进教学目的和深化教学目的。教学目的的体现，还需要在操作环节由教师或学生进行互动讲述或品读，以及借助小组讨论、作业布置及其常规测验测评等方式来实现。追根究底，任何教学策略的选择，都必须立足校本教学的目的化教学
突出教学重点的原则	结束技能的应用，需要教师在课堂教学实践中着重关注重难点，并将其视为教学的"神助攻"，在教学中"重拳出击"。故此，结束环节的技能应用十分有必要。常规而言，课堂教学涉及面极广，且落实到每堂课中，主要内容和次要内容的矛盾冲突一度湮没于真理面前，使得学生的学习效果事倍功半。教师据此选择结束技能，就需要审时度势地选对方法，并在教学实践改进中，选用合适的教学方法，强化教学重难点区分、加深学生对知识的理解程度，以便最大限度地完成基本的课堂教学任务，确保课堂教学效果最大化
强化素养教育的原则	语文教师在结束环节的相关教学活动，需要以中学语文课程的基本特点为基础，尤为重要的是在具体的素质教育层面下，探讨如何培养学生德、智、体、美、劳等思想品德的整体素养。究其原因在于结束环节作为语文课堂教学的内容体现，集中再现和完美阐释了其作为教学目标环节的重要性。结束技能的应用作为课堂教学环节的基础必备条件和划定规则，以强化和重视教学目标来催生学生素养教育。结束环节的诸多活动价值并不单一存在，而是相互联系、彼此促进的综合性成果，并具体表现在知识总结、相关活动能力培养、智力发展、审美教育及其思想政治文化教育活动等内容上。除此之外，语文课堂教学结束技能尚待将首尾相连、脉络清晰、通俗易懂、大刀阔斧等标准作为原则性指标

第四，结束的方式，见表1-3。

综述，诸多技能作为语文课堂教学的有机整体，需要重点关注。结尾技巧作为语文课堂教学的必然选择和最终归宿，是中学语文教师课堂教学匠心独运的反映，更是课堂教学完美艺术的展示。

表1-3　中学语文课堂教学结束的方式

主要方式	具体内容
归纳式	采取归纳式结束中学语文课堂教学，教师需要引导学生对课堂教学内容进行小结，做到纲举目张，完成读书由厚到薄的学习过程。有时，也可以先启发学生小结，然后教师加以补充和订正。归纳式结束技能，不是"眉毛胡子一把抓"、面面俱到、巨细无遗，而是要求学生对掌握的知识点、教学重点、学习难点进行归纳，使其显豁突出，让学生在原学习的基础上再理解、再提高，进而完全掌握
点睛式	中学语文的课堂教学以教师点睛式结尾来对课程重难点进行阐述，能对课堂教学效果起到积极的辅助作用。点睛式方法主要蕴含节点部分、关键位置的沟通，有助于学生查漏补缺，全神贯注于课堂，还为学生理解知识、吸收知识、掌握知识提供了质的飞跃的机会
畅想式	中学语文的课堂教学中，教师以学生为主体来结束课堂教学，让学生各抒己见，是学生主动性的体现。教师不做具体动作，学生在此期间依据课文讲解的中心内涵，从本质上自我发现问题、解决问题，并以悬念式方法，活化学生思维，启迪学生智慧让其迸发无穷活力
撞钟式	中学语文的课堂教学中，应用撞钟式技能结束教学，来引导学生进入课本的意趣世界，并对课文内容进行深层次理解，进而余音绕梁，回味无穷。
开拓式	教师以开拓式结尾来结束教学可以拓宽学生视野，以自主性冲动获得知识。该技能既是教师与教学内容相结合展开日常教学的常见方式，也是激励学生自主学习、积极探究、学以致用的有效手段，更是在实际的教学实践中，达到"问渠那得清如许，为有源头活水来"效果的重要方法。通过合理组织课文内容，或者将内容迁移到类似的知识点上，外加对课文内容的双重导向以及对课文内容的双向引导，可以使学生更好地体会到原文的神韵
链条式	中学语文课堂教学的链条式技能需要科学教学、系列教学和阶段教学来层层递进、丝丝入扣。尤其在单元教学中，结尾式教学作为衔接旧课、起点新课、终结知识的理论核心，势必对知识具有先知探索价值，该技能的应用是以承上启下、起承转合、凹凸有致的新旧知识的串联，用以架构知识的基础框架
反馈式	随着中学语文课程改革步伐的加快，教科研领域为提升教学质量，势必需要以新的教学方法来改进。而以公开课、临摹课、实验课和研究课的应用最为普及。在结尾技巧的改进上，部分教师偏重应用听评课来进行瞬时反馈，进而在利弊取舍中有所得。另外，在反馈式技法中，结束技能对联系、凝聚、激发学生叙述效果等极为有效

（3）问题

在语文课堂教学过程中，提问往往并不是一个独立的教学环节，但是几乎每个教学环节都会包含一个或若干个提问，可见提问贯穿于整个语文课堂教学过程，所以问题设计也是语文教学环节设计中的关键性因素。

第一，问题的表现作用。①培养学生的思维能力。思维活动从问题开始，并在寻求问题的解答中深入和发展。教师提问一次，就给学生提供一次思考的机会。提问可以引导学生的思考方向，扩大思考角度，提高思考层次。②培养学生的语言表达能力。语文课堂提问，为学生提供了一个发表自己意见的机会。学生在答问过程中，既展示、阐述了观点，又锻炼了语言表达能力。③给学生提供互动、参与的机会。提问是课堂上的一种召唤、动员行为，是集体学习中引起互动的聚合力量。每个学生身处同一个课堂，就是一个集体，是集体学习。提问可以使学生有机会表达观点、流露情感、锻炼表述；另外，能够促进人际活动，加强学生与班级其他成员的沟通。

第二，问题的设计要求。①目标明确。课堂提问都是有内在意图的，或引起学生注意，或强调文章重点，或激发学生思考。需注意的是，提问必须符合教学目标，设计时要清楚目标，不能为了提问而提问。②难易适度。课堂提问要适合于学生的认识水平，把握问题的难易程度。过于容易的问题，学生不用动脑思考就能轻易答出，无法提高学生的思维能力；问题过难，学生望而生畏，会挫伤他们思考的积极性。如果有些难度较大的问题必须让学生掌握，可以用"总分式"或"阶梯式"提问的方法，形成难度坡度，循序渐进，逐步解决问题。③问题清晰。部分教师提出的问题较为空泛，使学生无法回答，结果就会出现尴尬局面。所以提问时不要盲目地开放提问范围，范围一定要明确清晰。④精心设立提问点。语文教学中不是所有的问题都需要用提问来进行教学的，课堂教学过程中如果过于依赖提问就会造成满堂问，不利于突出重点。把握好提问点是决定该问题质量的关键所在。

（4）板书

板书是一种很重要的教学辅助手段，是教师为配合教学，简明扼要地在黑板上写出的文字或画出的图表。严格而言，板书也并不是一个独立的教学环节。但板书却贯穿整个教学过程，所以板书设计也是语文教学环节设计中的关键性因素。

第一，板书的作用。①显示教学内容，体现教学思路。板书是随着教学过程的发展而逐步完成的，所以它所显示的内容就是教学的内容，并且从整体上应该体现教师的教学思路和教学步骤，这样才能够对学生学习的思路进行指引。②厘清文章脉络，突出重难点。如果是阅读教学，板书能够将作者的行文思路、文章的发展脉络等提纲挈领地展示给学生，并且能特别突出教学中的重点和难点。这有利于学生知识结构的定型。③直观形象，便于理解记忆。板书是语文教学中最主要、最基本的直观教学手段，除文字以外，线条、图形、表格等都能够加深印象，便于学生理解记忆。④体现教师素质，培养良好的书写习惯。漂亮的粉笔字、设计精巧的板书是教师创造性劳动和科学思维的结晶，它渗透着教师的知识、智力和教学艺术，融合着教师的教学理论和审美素养。它反映了教师备课组织教材和运用教材的能力，也体现了教师的素质。并且板书对于培养学生热爱祖国的语言文字和良好的书写习惯，也能起到潜移默化的作用。

第二，板书的设计要求。①精选板书内容。板书能够体现中学语文教学内容，但并不是所有的教学内容都能够进入板书。板书的内容应是教学内容的精华部分、重难点部分，主要包括以下方面：能够表现主题思想的词句，能够反映作品结构或作者思路的词句，能够表明事物和现象特征的词句，能够表达事物本质和规律的词句，新出现的字、词、句，有价值的新知识，正音、正词。②目的明确，重点突出。教学中，教师在黑板上写的每一个字或者符号都会给学生传递一定的信息。所以，板书必须具有明确的目的性，要从课文内容出发，根据教学目的和教学要点而板书，要反映教学的重点或难点。③条理清晰，布局合理。条理清晰是指设计板书要有一定的内在逻辑，既要符合课文中作者思路发展的内在逻辑，又要符合课堂上教学进程发展的内在逻辑，还要符合学生理解课文内容的思维发展的内在逻辑。为了达到这一点，教师的教学思路一定要清晰，这样书写出来的板书才能脉络清晰，一目了然。

第三，常见板书设计方式。语文板书的类型很多，常用的有以下几种：①提纲式板书。提纲式板书是指通过对文章内容经过分析和综合，用精要的语词形成能反映知识结构、重点和关键的提纲。其特点是高度概括地揭示文章内容、结构，给人以强烈的整体印象。②词语式板书。词语式板书是以课文中关键性词语为主组成的板书，这种板书有助于学生抓住课文的重要词语来理解课文，对丰富学生的词汇量、提高其表达能力很有帮助。③流程式板书。流程式板书是以教材提供的线索（时间、地点、事物、情感）为主，反映教学的主要内容，把教材的梗概一目了然地展现在学生面前，使学生对它的全貌有所了解。这种板书指导性强，对于复杂的过程能起到化繁为简的作用，便于记忆和回忆。

（五）中学语文教学资源

语文课程是一门具有综合性和实践性的学科，人文性与工具性的统一是它的基本特点。作为一门需要"听说读写"能力的语言类学科，中学语文课程的开展离不开学生的实际生活。

1. 中学语文教学资源的类型划分

对语文教学资源的分类，根据不同的视角相应可以分成不同的类型。

（1）按照功能作用进行分类

按照功能作用可分为必备性资源和支持性资源。必备性教学资源是对语文教学活动顺利展开必不可少的、对教学过程直接发挥作用的资源，包括语文教科书、课外读物、练习册、语文教师的教学语言、语文多媒体课件、语文板书、语文教学图片、语文教学指导用书、语文教学参考用书等；支持性资源是在语文教学中间接发挥作用，不是师生教与学中直接使用的对象，但是也会影响语文教学效果的资源，例如，电子读物、影视作品、家长或其他长辈的指导语言、校园的广播和专栏、街头的广告和宣传标语等。

（2）按照存在方式进行分类

按照存在方式可分为显性资源和隐性资源。显性语文教学资源是指具有可以感知的物化形态，人们看得见、摸得着的，直接呈现在语文教学活动中的资源，如语文课本、电脑多媒体、网络、教学挂图、教学板书等。隐性中学语文教学资源是以潜在的形式对语文教学产生影响，人们不能通过感知器官感知的非物质化资源，如语文课堂教学氛围、班级语文学习风气、师生对话的方式、学生的语文学习方式等。显性资源作为一种物质存在，可以直接操作使用，因而，有没有利用、能不能用、怎么用等一看便知，易于掌控，在中学语文教学中用的效果如何也可以立竿见影地予以观察测量；相反，隐性资源作为一种非物质形态，不能直接作用于中学生和语文教师，对语文教学活动只是发挥着潜移默化的"润物细无声"的影响。尽管如此，这种影响往往并不比显性教学资源对语文教学影响的效果低。

（3）按照表现形式进行分类

按照表现形式可分为静态资源和动态资源。静态语文教学资源是以相对静止的方式呈现的资源，如各种媒体（书籍、报刊、板书、屏幕等）呈现的书面文字、挂图、图表、自然景观、人文景观等。在语文教学中，语文教师和中学生在使用这类资源时可以自由控制感知过程。例如，语文课本中的文字就是一种静态资源，学生在使用这种资源时，可以一目十行地快速阅读，也可以逐字逐句地慢慢品味，一个句子读一遍不理解，还可以重新阅读。一篇千字左右的课文，读得快的，三五分钟就能解决问题；读得慢的，三五天也很正常。动态语文教学资源则是以活动的方式呈现的资源，如教师的讲课、师生问答、小组讨论、演课本剧、读书报告会、诗歌朗诵会、语文性游戏活动、影视剧观摩等。

（4）按照资源分布进行分类

按照资源分布可分为课内资源和课外资源。中学课内语文教学资源是师生在语文课堂教学中使用的资源，是课堂教学的凭借或载体，如教师课堂教学语言、学生课堂言语活动、语文课本、电脑多媒体、板书、电子黑板、教学挂图或图片、教学模型等。根据资源呈现是事先预设的还是课堂教学过程中生成的，也可以将课内语文教学资源进一步分为预设性资源与生成性资源。预设性资源如语文课本、课堂中使用的教案、课件、教学软件等，生成性资源如小组讨论、学生答问、学生朗读、教师范读等。

课外资源是广泛分布于课外语文学习活动之中师生在课外乃至校外展开语文教学活动所使用的资源，是课外语文教学的依托或工具。例如，课外读物、课外语文学习活动（故事会、报告会、研讨会、戏剧表演、影视观摩）、课外语文学习场所（图书馆、博物馆、风景名胜、文物古迹）、课外语文学习氛围（风土人情、乡风民俗、乡土文化、社区风貌、城市文化）等。根据课外语文教学资源分布场所的不同，还可以进一步将课外资源分为学校资源、家庭资源和社会资源三种类型。学校资源如学校图书馆、阅览室、宣传栏、校园广播、校园网络（课堂使用除外）等；家庭资源如家庭环境、家庭教育方式、家庭语言交流方式、家庭图书、家庭网络、家庭电视等；社会资源包括社会上对语文教学产生直接或间接影响的一切资源，包括各种媒体、各种通信手段、社会风气、社会交往、社会环境、社会文化、社会历史等方方面面。

2. 中学语文教学资源的基本特点

与中学其他学科的教学资源相比，语文教学资源种类繁多，形态各异，分布广泛，使用便捷，其外延范围远远大于教学活动本身，因此，特点非常鲜明。具体而言，语文教学资源具有以下特点：

（1）丰富性特点

中学语文教学资源的外延范围远远大于语文教学活动本身的外延范围，

一切有利于学生语文学习，一切有利于学生语文学科核心素养提高，一切有利于语文教学设计、课堂教学、课外语文学习指导以及教学评价与反思的社会与自然资源都可以成为语文教学资源。从这一意义上说，语文教学资源是极其丰富的，具体从以下方面探讨：

第一，从空间上看，语文教学资源有丰富多样的自然资源和社会资源。自然资源包括宇宙太空、名山大川、江海湖泊、飞禽走兽、一花一草、一木一石等，这些皆可为语文教学资源。社会资源包括各类社会群体、各种社会机构、人们的生产生活经验、民风民俗、乡土文化、城市文明、人文景观、广播电视、电脑网络等，都是语文教学资源不可或缺的组成部分。还有各地区、各民族的特色文化，世界各地的异域文化，也都是语文教学资源的构成要素。

第二，从时间上看，五千年中华文明贯穿着丰富的语文教学资源，四书五经、楚辞汉赋、唐诗宋词、元曲杂剧、明清小说，鲁迅作品、曹禺戏剧、朱自清散文、艾青诗歌、金庸小说无疑都是宝贵的语文教学资源。数千年世界文明史中同样蕴含着极其丰富的语文教学资源，如古希腊文学、古罗马作品、莎士比亚悲喜剧、巴尔扎克和托尔斯泰的长篇巨著、欧·亨利和马克·吐温的短篇小说等，都是语文教学资源中的上品。可见，人类文明历史有多悠久，语文教学资源涵盖的时间就有多漫长。

第三，从开发利用的深广度来看，就某种特定的语文教学资源而言，其蕴含的可开发、可利用的成分也是非常丰富多样的。以"文"为例，这个字既可以作为识字写字的教学资源，也可以作为阅读教学资源，还可以作为写作教学资源和语文研究性学习的教学资源。

（2）学科性特点

中学语文教学资源具有鲜明的语文学科特色，富有浓厚的语文色彩，是"语"和"文"的统一，离开了语言、文字、文章、文学和文化，离开了听说读写的语文学习活动，语文教学资源也就不存在了。因此，严格意义上而言，语文课程标准所罗列的语文课程资源只是潜在的语文教学资源，并非现实的语文教学资源。只有把课程资源运用于语文教学活动之中，使之内化为学生的语文核心素养，才堪称名副其实的语文教学资源。例如，山川鸟兽本身并非语文教学资源，只有引导学生把这些客观事物转化成写作素材，它们才能变成语文教学资源。此外，衡量一种自然事物或社会现象是否是语文教学资源，关键要看它是否具有语文学科特性，是否具有语文学科价值，是否能够在语文教学中使用。因此，语文教学资源的学科性首要的就是语文性。

语文性就是具备语文学科工具性与人文性相统一的特点，能够对学生学习语言文字运用于实践活动的开展起到积极影响。在语文教学实际中，一度出现"假语文"现象，这与一些语文教师把一些非语文特征的课程资源大量用于语文教学过程之中不无关系。

（3）便捷性特点

在中学各门课程中，中学语文教学资源不仅丰富多样，而且易于开发利用。在语文教学实际中，语文教学资源附着在书面上、课件中、黑板上，语文教师的言语中、同学的对话交流中都有资源，随手可得。

第一，语文教学资源的这种便捷性体现在资源依托载体的多样化。一般而言，语文教学资源是以书本为载体存在的。其实，除书本中有大量语文教学资源之外，在人们的口头交流中、街头标语中、网络中、手机中都存在着语文教学资源。在生产力落后时代，先生以地面为纸、以树枝为笔教学生识字，向学生传授语文知识，地上写的字无疑是语文教学资源；在科技高度发展的当今社会，学生掌中一个小小的手机，就蕴藏着无限丰富的语文教学资源。

第二，语文教学资源的这种便捷性体现在资源来源的生活性。其实，语文教学资源的外延与生活的外延相等，只要有生活的地方就存在语文教学资源。生活与人的关系，就如同鱼与水的关系、身体与影子的关系。学生的生活包括三大领域：学校生活、家庭生活和社会生活。每个领域都有各式各样、异彩纷呈的语文教学资源。在教室，学生在书桌上、黑板上、多媒体屏幕上、语文教师的言语中、同学的发言中，随时都可以获取有益的语文教学资源；在家庭，学生在书包里、书架上、电视广播里、电脑网络里、与爸爸妈妈的交流中，随时都有能够利用语文教学资源；在社会，学生在马路上、在村庄中、在商店里、在影院里、在公园里、在图书馆和博物馆里，随时都会遇到好的语文教学资源。

3. 中学语文教学资源的开发利用

（1）中学语文教学资源开发利用的理念

理念是行动的先导，有效开发利用语文教学资源的前提是树立科学的语文教学资源理念。科学的语文教学资源开发利用理念包括以下方面：

第一，语文教学资源开发利用的目的理念。任何资源有没有价值和功用，其本身并不能决定，关键看它的作用，也就是开发利用它的目的。开发利用目的不清或不当，再好的资源在实际使用中都会出现事倍功半的效果。

开发和利用中学语文教学资源的根本目的是提高学生的语文核心素养。

从心理学来看，语文核心素养就是学生在一定的语文学习环境中获得的语文学习结果；这里的语文学习环境其实就是语文学习资源。优质的资源环境有助于语文核心素养的提高；反之，不良的资源环境则会对学生语文素养的形成和提高起到负面影响

第二，中学语文教学资源开发利用的途径理念。语文教学资源的丰富性、便捷性和分布的广泛性决定了语文教学资源开发利用渠道的多样性，主要途径包括：一是开发利用语文教科书、教学参考用书、课外书、报纸杂志等文献资源，二是开发利用电影、电视、广播、网络等媒体资源，三是开发利用课堂讨论、课堂练习、报告会、演讲会、辩论会、课本剧表演等活动资源，四是开发利用图书馆、博物馆、纪念馆、展览馆等社会资源，五是开发利用风景名胜、花鸟虫鱼等自然资源，六是开发利用布告栏、报廊、标牌广告、文物古迹、风俗民情等文化资源，七是开发利用语文教师、作家、语文课程专家、家长、教育管理者等人力资源。

第三，中学语文教学资源开发利用的方法理念。方法理念就是方法论，是指导人们如何选择、开发、利用资源的基本原则。开发利用语文教学资源的具体方法有很多，在运用各种方法开发利用语文教学资源时，要遵循如下两个基本原则：①因地制宜原则。中学语文教师开发利用教学资源时不要一味贪多求高，也不必"跟风""从众"，而要根据本地区、本学校的实际情况，充分挖掘现有的语文教学资源，把资源优势发挥好，使之顺利转化为语文教学优势。②因人而异原则。要充分发挥教师的主导作用和学生的主体作用，充分发挥人力资源这一第一资源的优势。首先，语文教师自身就是宝贵的语文教学资源，语文教师开发和利用好自身的教学资源十分重要。在教学设计中，要充分把自己的智慧融入对教材的解读处理之中；在课堂教学中，要通过创设各种教学情境包括语言情境和非语言情境，为学生学习语文提供充分的条件；在课外语文学习指导中，要从学习方法的指导、学习组织建立的指导和学习效果评估的指导几方面为学生创设优良的课外语文学习环境。其次，充分利用好学生群体资源。每个学生都是语文学习中不可或缺的资源宝库，要把班级资源充分开发好、利用好。

（2）中学语文教学资源开发利用的途径

第一，人力资源的开发利用。中学语文教学是语文教师"教"与学生"学"的有机统一。语文教师和中学生的潜能、智慧和创造力在语文教学过程中发挥着重要的作用，可见，语文教师和学生是语文教学中最重要的教学资源，

是取之不尽，用之不竭的资源，也是最难开发利用的资源。说"难"，是因为与语文教材、多媒体等"现实性的"物力资源相比，人力资源是一种潜在性或可能性的资源，能否把潜在的、可能的资源转化为现实的、已然的资源，需要适宜的教学环境和条件，更需要适当地开发利用路径与方法，其中最重要的路径就是充分发掘师生身上蕴藏的生成性教学资源。

所谓生成性教学资源，就是在教学活动中由于师生主观能动性的积极发挥，"现场"产生并及时予以利用的资源。与生成性人力资源相对的是预设性人力资源。一般而言，语文教学中的预设性资源状况与语文教师对语文课程理念与目标的理解与把握、对语文教材资源的开发利用等密切相关，对此，本书将在相应章节进行专门的讨论，此处着重阐述如何开发利用语文教学中师生生成的教学资源。①教师层面生成的教学资源。严格而言，语文教师在课堂教学中随时随地都会生成有益的教学资源——教师的话语、教师的板书和课件、教师与学生的互动乃至教师的举手投足，都能构成促进学生学习的教学资源。这就是广义的教师资源生成观。从广义上来看，教师资源的生成即通过教师的有效教学为学生提供良好的学习资源。此处所讲的是一种狭义的理解，也就是课堂教学中教师"意外"创生的学习资源，这类资源主要有以下两种：一是突发事件中生成的资源。教师课前对课堂教学设计得再周全，策划得再周密，也总有始料不及的事件会发生。面对课堂突发事件，教师如果处理不当往往会显得手足无措，以至于课堂出现窘态。二是因势利导中生成的资源。"师不必贤于弟子"，由于自身的失误或准备不足等因素，教师在课堂上出现错误或让学生问得语塞在所难免。针对上述两种情况，教师应该正视现实，通过有效的途径去解决问题。②学生层面生成的教学资源。在班级授课制下，每个学生都是学习资源。课堂中，学生的思想碰撞和智慧交融都会生成丰富的教学资源。尤其是两个方面：一是学生的奇思妙想。面对丰富的世界，异想天开、标新立异是孩子的天性。对于中学生的大胆想象，教师要予以鼓励、引导和保护。二是学生的个体体验。对某一事物的认识和理解，仁者见仁，智者见智。

第二，自然资源的开发利用。中学语文课本中有很多内容都是对自然事物的描写、再现或表现。学生如果能够亲身感受和体验各种自然事物，积累大量有关自然世界的感性知识，这对他们深刻理解课文是十分有益的。因此，教师要善于充分利用自然资源来促进学生的语文学习。例如，语文教师可以在春天到来时，带学生到河边，看花、看草、看树、看水；秋天来临时，带学生到小河里摸鱼。这些做法既增强了学生的观察力，又使他们学以致用，关注生活，热爱生活。

第三，社会资源的开发利用。语文教学是母语的教育，学生是在本土学习自己的母语，具有熟悉本国、本民族的文化背景的有利条件，身处在使用这种语言的社会环境之中，有丰富的学习资源和大量的实践机会。把语文学习与丰富的社会实践相结合，会使语文教学变得鲜活起来；语文教学有社会大课堂的广阔背景作为依托，也就有了活水源头。

教师可以广泛利用校外的图书馆、布告栏、报廊、标牌广告等各种社会资源，选取与学生学习内部条件相一致的、符合学生身心发展特点的内容来满足学生的兴趣爱好和发展需要，让学生的听说读写能力得到提高。

语言最基本的功能是社会交际的工具，在社会交际实践中学习和运用语言是语文学习的基本规律。在社会交际中，学生可以获得源源不断的语文学习资源。因此，中学语文教师要鼓励和引导学生走进社会，并为学生创设真实的交际情境。

第四，家庭资源的开发利用。家庭是孩子人生旅途中的第一所学校，父母是孩子的第一任语文教师，每个家庭都蕴藏着丰富的语文学习资源。教师要积极引导学生去关注、开发和利用各自家庭的学习资源。家庭成员间的亲情表达，家庭成员各自的生活经历，家庭与社会的交往，家庭的藏书、报纸杂志、音像资料，家庭文化娱乐生活等，都是弥足珍贵的学习资源。它们可以用来促进学生对课文的理解，激发学生的学习热情，拓宽学生的学习渠道。

第五，信息资源的利用与开发。没有信息化技术的支撑，教育目标通常无法实现。利用声、光、影、像等手段，将远景变为近景，将虚幻的场景变为真实的存在，将众多感官资料直观地呈现在学生面前，这些资料生动、形象，容易被学生接受，并深得教师和学生的喜欢，在语文课堂中得到了普遍运用。但是，在运用这些资料的过程中也存在着许多问题，比如资料运用效率低下，教师存在选取教学内容、把握教学时间不准的问题等，使得这种教学方式甚至产生了相反的作用。为了更好地运用多媒体技术、发挥多媒体资源的作用，在此过程中，教师需要重点做好以下两项工作：①仔细筛选教学内容。多媒体信息技术属于教学专用工具，在组织教学内容方面应与课文、学生的日常生活密切相关。在教学中，教师应该根据学生的年龄特点、生活经历以及兴趣爱好，选取合适的教学内容。②恰当把握时机。信息技术手段只有用在合适的地方、恰当的时段才能最大限度地发挥它的效力。例如，当教师无论怎样启发诱导,学生都无法感悟文义时,使用信息技术资源能收到事半功倍之效。

二、核心素养解读

从字面来看,核心素养即众多素养中最中心、最基础、最关键的素养。由此可见,核心素养则是素养网络中最关键的节点,联通了素养网络中的其他节点。关于核心素养主要有以下不同观点:第一,核心素养是人适应信息时代和知识社会的需要,用以解决复杂问题和适应不可预测情境的高级能力与人性能力;第二,核心素养是学生在接受相应学段的教育过程中,逐渐形成的适应个人终身发展和社会发展需要的必备品格与关键能力。由此可见,核心素养的定义揭示了"核心素养"这个概念提出的时代背景,并且特别强调了复杂问题和不可预测情境。

对于核心素养需要重点明确以下三点内容:一是核心素养基于学生与生俱来的潜力,通过后天环境与教育方面的影响,逐步得到发展;二是核心素养不仅符合学生个体的终身发展要求,也符合社会发展要求,能够体现出个体价值与社会价值的统一,在诸多素养中,核心素养居于关键性地位,具有基础性和关联性;三是核心素养属于学生必须具备的品质和重要能力,体现了学生的综合素质水平,反映了学生的总体精神状态以及不同的情况下学生积极主动地判断、分析、决策和行动的能力。

(一)核心素养的理论观点

1. 核心素养的知识论

一个人的核心素养有着很大的发展空间,其中,教育以及自身的努力是最主要的,也是最基本的发展途径。核心素养的培养通常是以学科内容知识为基础和载体的,是在学习知识的过程中,加强培养学生的学科核心素养意识,促进对学科核心概念、规律、原理的理解,并形成态度与能力,从而达到对学科核心素养的理解与构建。任何教学活动,都是以一定的知识的传授与学习为基础的,这也是学校教学模式的基本形式。

随着教育理念的不断完善以及教育改革的逐步推进,我国学科知识教学内容也发生了相应的变化,其内涵也更加丰富与多样化。而从学科本位到素养本位的转变是当前素养教育的本质特征。尽管素养教育被提升到了一定的高度,但这并不代表对知识地位的忽略。相反,传授学科知识仍被当作教学的最基本形式。

以学科知识为基础的核心素养的培养要注意两点：首先，通过课程化的知识教学过程，将以认知价值为核心取向的知识学习与智力发展相统一；其次，注重学生学科思维能力的培养。与此同时，还需要加强学生对学科特征的理解。在此基础上，促进学生学科核心知识、核心观念、方法等多方面的建构与发展。

核心素养与学科知识相互促进，互为统一。核心素养的培养以学科知识为基础，主要是对学科知识中核心知识的学习。同时，进行学科观念、思维、态度培养。从教学的任务来看，教学的一般任务是引导学生能动地学习，掌握基本的知识与技能，同时具备灵活运用的能力，这也是其他任务得以完成的基础和前提。因此，核心素养的形成过程是学科知识教育价值实现的过程。

2. 核心素养的认识论

知识建构理论成为核心素养培养的理论基础。生活在社会中的人，或多或少都会有一定的生活经验以及所学知识的积累，并自觉或不自觉地将其运用于对新知识的学习及能力方法的获取中。对于核心素养培养而言，核心素养形成的过程，可认为是意义建构的过程。其中，已有经验或观念是基础。教师的作用不是忽略学生的已有经验或知识，对学生进行新知识的传授，而是应该充分考虑学生对已有知识的掌握，并基于此，找到新旧知识间的连接点，从而建构新的知识。由此可见，新知识的形成对于原有知识结构的改进与发展，同样有着积极的促进作用。建构主义指导下的核心素养的培养，可从以下方面实现：

（1）以学科问题情境为教学活动方式

核心素养是知识与能力的统一，而以学科教学为基础的核心素养的培养，重在以学科问题情境为背景，引导学生形成在具体情境中解决具体问题的能力，而非依靠传统的教师传授。而这一观点，恰好符合建构主义者所秉持的情境性认知观点（强调学习、知识、智慧的情境性，认为知识是不可能脱离活动情境而抽象地存在的，学习应该与社会化的情境活动结合起来）。传统的学校教育奠定了知识传授的基础，而能力的获取以及思维能力的提升，仅凭教师的传授无法真正实现。通过参与性的实践所获取的某种能力、方法等，远大于从书本或演示中所获。思维能力的培养与提高，取决于学生解决具体问题时方法策略的选择、应用以及对行为过程、行为结果的反思。无论是知识的获取，或是知识的运用，都既来源于实践，也离不开实践过程的体验，即在具体情境中的反复尝试、小组协作以及不断地思考。同样，掌握科学的学习方法，也与实践关系紧密，也是在具体情境中面对所解决具体问题时不断反思的结果。建构主义主张"抛锚式教学"，即在教学过程中，教师应善于创造与现实相似的情境，引导学生对相应的问题情境进行探讨，培养学生对问题情境的建构，促进思维能力的发展。

（2）以探究式学习为教学活动方式

在我国当前的学校教育中，课堂教学是学生学习知识内容最主要也是最基本的形式。课堂能够为学生提供系统学习学科知识的机会，使学生掌握系统的科学知识。但是与此同时，我国课堂教学也存在以教师讲授为主，忽略学生在学习中的主体性，忽略对学生探究性思维能力的培养这一问题。教学效果不应该以知识传授的多少为衡量标准，而应该以学生对知识的理解、吸收乃至掌握程度为主。这一教学目标的实现，离不开探究式教学过程。建构主义指出探究式学习过程是以问题为导向，通过发现问题和解决问题而建构知识的过程。由此可见，探究式学习的开展离不开问题情境的创建，而所创建的问题情境必须是与所学内容相关的、有意义的。

另外，创建有意义的问题情境，与教师的探究意识及能力有着直接的关系。需要教师强化探究学习的意识，合理设计探究过程。既要结合学生的实际状况以及知识水平，又要与生活实际密切相关。同时要将探究活动的难度控制在合理的范围内，既要避免问题超出学生的能力，让学生望而生畏，挫伤学生学习的积极性，也要避免问题设置过于简单，达不到提升学生探究思维能力的效果。在这个过程中，教师要设置一系列的合理问题，并以问题链的形式将这些问题串起来，用于指导学生的探究活动，促进学生核心素养的构建。

综上所述，探究式学习的过程，离不开与他人的互动与沟通。因而，探究的过程是合作交流的过程，是一种对话式的实践过程，是参与探究活动的学生针对探究的主题或是某一问题，与同伴、教师展开合理的对话，促进问题解决的思维过程。对话的过程同样需要教师运用教学的智慧，进行科学合理的引导。在学校教育教学过程中，教师需要在程序性学习的基础上，对探究式学习方式给予适时引导，通过探究性学习培养学生的问题思维能力及解决问题能力，从而增强学生的学科核心素养。

3. 核心素养的教学观

（1）树立"立德树人""以生为本"的教学观

"立德树人"已成为现代教育理念及基本要求。"立德树人"，就是要求教师在面对作为教育对象的学生时，要明确教学的关键在于人的培养，教学活动应围绕学生的个性自由而有序开展，教学服务于学生的成长成才。对于学生而言，其个性自由和健康发展应该以良好的道德品质为前提。而这正是核心素养导向下教学的重点。所以，重建核心素养导向的教学，必须坚持"立德树人"的教学观。

"以生为本"也是现代教育理念，即以学生为中心。"以生为本"是指在教学活动中，教师应关注学生，尊重学生的个体差异，要根据学生兴趣特长、能力水平等特点，制定不同的教学内容，要鼓励学生进行自主学习，充分挖掘学生潜能，以促进学生全面、均衡地发展。具体可从以下方面探讨：

第一，教师需要在观念上进行转变。对于教学而言，知识的传授和能力的培养对于成绩的提升固然重要，但是这些必须服从于学生的健康和幸福。健康不仅仅是指狭隘层面的身体健康，应该包含更为广泛的意义，即心理健康以及良好的品质。因此，教师在教学活动中，要以学生的健康为前提，注重将学生良好道德品质的形成与知识的传授相结合，这就要求教师以学生为中心，全面了解学生的实际情况与需求，尊重学生的个体差异性，对不同学生采取不同的教学方法。作为教师既要鼓励并要求学生学好知识，还应该尊重并爱护学生，善于发现学生的优点和长处，尤其应注重对学生潜能的挖掘。

第二，理解学生发展的顶层设计就是核心素养，是实现"立德树人"根本任务的价值所在。教师的任务不仅是教书，更为重要的是育人。教师要关注学生，全面了解学生，发现学生的优点和长处，弥补学生的缺点与不足。教师应该明白，教学的真正目的是育人。不同学科的性质及内容，所含知识虽有所差异，但是育人的使命和任务是一致的。教师应该明确这一点，牢固树立育人的理念。教师应该明确核心素养的要素和内涵，在教学中形成自己独特的教学风格，并将核心素养融入教学特色。

第三，对于学科核心素养，要有正确清晰的认识，尤其要认识到实施核心素养教育的本质意义。在此基础上，教师才能更好、更自觉地将学科核心素养融入教学，了解学生的真实状况及学习情况，尊重并宽容学生，形成自己的教学智慧与教学风格。只有这样，才能真正落实基于核心素养的新课标精神，也才能提高教师基于核心素养培养的教学能力。

第四，基于学情分析，这是开展有效教学的前提。只有真实准确地分析学情，才能保证教学活动的开展更有针对性。学情分析的对象主要是学生，因此，对学情的分析主要包括对学生学习起点状态、潜在能力的分析。对学生起点状态的分析可以从三个维度展开：知识维度，主要是学生对基础知识的掌握与认知；技能维度，主要是指学生已具备的学习能力；素质维度，指学生的学习习惯。

而对学生潜在能力的分析，也可以从三个维度来理解：首先，知识维度，即学生知识潜能，主要根据学生已有的知识基础、原认知结构，学生的情感和发展需要来分析；其次，技能维度，即对学生知识技能、过程与方法、情感态度与价值观方面所具备的能力分析，包括能力层次及状态；最后，素质维度，即对学生学习习惯的分析，包括了解学生的学习习惯是怎样的，根据习惯选择更有效的学习方法，基于学生的学习习惯，课堂教学可能生成的能够促进学生学习的资源等。

（2）树立"学科本质"的教学观

学科核心素养导向下的教学，还应该树立"学科本质"的教学观，这就需要教师了解和掌握基于核心素养的课堂教学方法，能在了解学科本质的基础上梳理学科核心素养与学科本质的关系，以及探讨如何在学科核心素养导向下进行科学教学，彰显学科教学的独特魅力及育人价值。要做到促使教学活动从教学转向教育层面，需要教师具体做到以下方面：

第一，对于学科素养要有客观准确的认识，明白核心素养与学科教学任务之间的联系与区别。核心素养培养的着眼点，也并非学科教学任务的分解，而应该是立足于教学全局，将核心素养定位为学生应对复杂问题所必须具备的解决问题的能力和品质，这也是学生适应终身发展及社会发展需要不可或缺的关键能力和必备品质。在教学过程中，教师要发扬伯乐精神，独具慧眼，善于捕捉、发现并利用学生的优势、特长、经验、创意、见解乃至问题等，使之成为教学的生长点。作为教师，要不断丰富教学资源，尤其需要开发学生身边的资源，培养学生的实践能力，让学生在实践中锻炼并提升能力。除此之外，还要广泛利用校内外场馆资源，如学校图书馆、实验室、课程基地、运动场及校外科技馆、博物馆、农业科技园等；处于信息时代的今天，教师还应该鼓励学生充分利用网络资源，丰富自己的学习经验，利用互联网丰富的资源，扩大视野，开阔眼界。

第二，只有在"学科本质"教学观的引导下，教师才能够深刻认识教学的实质，真正领会核心素养导向下的教学育人价值。教师要为学生的自主学习与探讨营造良好的学习氛围，借助多种教学手段与方法，引导学生自主地进行能力锻炼。此外，教师应注重对学生兴趣的塑造，在教学活动中努力培养学生的兴趣，为其将来的发展奠定基础。

第三，树立"学科本质"的教学观，要求教师明白，教学的真正目的在于使学生掌握"解决问题"的能力，这也是学习的本质。在以核心素养为导向的教学过程中，教师应该灵活选择并调整教学内容，根据学生的特点与需求以及教学现状，及时变革教学方法及模式。而要实现这一改变，教师是关键，教师必须回归教学本质。辩证唯物主义的发展观告诉我们，世界是变化发展的，任何事物都处于变化发展之中，教学活动也是如此。教师在这个过程中，要发挥自己的教学智慧，引导学生发现在问题、探讨问题、解决问题。只有这样，才能保证教学活动从讲授为主向以学生的自主学习为中心转变，这也为以学生的学习为中心的教学设计奠定了基础，从而保证教学活动真正围绕学生而开展。

总而言之，意识对行为有着一定的引导作用，正确的观念是行动的指南，核心素养导向下的课堂教学，必须树立科学的教育观念，并保持观念的与时俱进。只有在观念上注重更新与转变，以核心素养教育观引导教育活动，才能保证核心素养与教学目标的有机融合，让学生的核心素养在教学中得到培养。

（3）基于学生完整学习的教学观

第一，不同视角下的完整学习，具体如下：①活动的视角。从活动的角度看，语文学习是一个"活动的、合作的、反思的"完整学习过程，是学习者与自身、他人、客观世界的对话。因此，学习就是一个构建自身、构建伙伴和构建世界的实践过程。可以说学习是一种学生与自然世界、社会世界和自我世界进行完整实践的活动，其包含了下述三重关系：从学生和学习内容的视角着眼，语文学习具有文化性和认知性的特征。学习活动就是个体与学习内容之间不断进行转化的实践过程：知识作为客体通过个人化逐渐向人靠拢，从而形成个人化的知识；人作为主体通过思考、辨别、体验、认知等方式对知识加以改造，理解知识的意义和价值，进而完善并构筑包含自身的需求、认知、能力结构、思维方式等在内的心智结构，最终增强、确证人的内在实质力量。从学生与他人关系的视角着眼，语文学习的实践具有社会性和交往性的特征。学生通过沟通交流，在学习活动中形成和建立师生关系、生生关系、朋友关系，这些关系具有学习和伙伴双重关系的特质。从学生与自我关系的视角着眼，语文学习的实践又具有存在性、伦理性的特征。通过学习实践，学生以自己为对象进行特殊实践和自我构建。在这一过程中，学生是学习实践活动的主体，也是客体，以主客体互相影响的方式达到自我改造、自我完善、自我发展的目标；思考与审视自我现有的心智结构，不断推动现有的心智结构向自身需要的方向进行发展变化，最终达到预期目标的对象化和现实化。由此可见，通过学习的实践活动可以使学生达到改变外部和自身内部世界的双重目标，并能在这一实践活动中实现客观和主观世界自在性的取长补短，最终达到既超越客观世界又超越自身的目标。②从效果角度来看。整体学习可以分为独立学习、辅助学习和附加学习。在特定的时间段内，学生学习知识的效果主要表现在三个方面：一是独立学习。独立学习属于教学活动需要直接达成的目标。通常来说，课程知识、技能、理念与课程类型和目标密不可分。二是辅助学习。辅助学习属于与独立学习相对应的学习方式，由此形成的思维方式、概念，可以被视为学生学习与提高的机会。三是附加学习。附加学习主要是在教育过程中培养学生学习态度的有效方式。由于教育的最终目标是要使人的品行发生变化，养成良好的性情，而要实现这个目标，就必须强化教师对学生的正确引导。对学生的个性、道德和情感状态展开教育，必须贯穿于学生的全部活动之中。任何一种忽略了附加学习效果的教育行为，都不会使学生的学习效果表现意义与价值。

　　第二，以全面掌握核心素养为导向。从认知加工理论的观点出发，研究信息输入、加工和输出三个阶段的信息处理方法，要求完整的语文学习过程应划分为阅读、思考、表达三个环节。从广义上讲，语文学习过程包括"读""想""说"三个方面。其中，"读"是指"阅读"，即信息输入过程；"想"是指"思考"，即信息加工过程，"说"是指"表达"，即信息输出过程，表达包括口头表达和书面表达，主要与知识的迁移和应用有关。虽然在不同的学科中，阅读、思考、表达的内容和特征各不相同，但是所有学科的学习过程都要经过这三个基本环节或程序，只有这样，学生专业知识的培养才能转化为学科核心素养。①阅读、思考、表达的实质。学习共同体的主体之一应是学校，要在教室中完成反思性、合作性和活动性的学习实践。也就是要与教材、与物对话，与教师、与学生对话，与自身对话，并让这种对话成为教学的重点。一是语文阅读是与文字的沟通，是学生在大脑中对文字进行重新构建的过程。这种重新构建要求学生在阅读过程中要"读进去"，读出阅读的趣味和意义，要走进文字的大门，真正理解和领悟出作者在文字中想要表达的内容。二是思考是与自身的沟通，自己要参与其中，实现自我的有效认识。学生需要以读者和作者的双重身份与文字进行沟通，并在沟通过程中实现自我对话。三是表达是与他人的沟通。表达需要倾听，需要同伴，缺少倾听的表达就变成了"自说自话"；表达需要分享，只有自己与他人在倾听和表达过程中互相分享意见、阅历、体会、智慧等，才能改变或充实彼此的观点和意见。完整的语文学习具有系统性、结构性和逻辑性特征，它由三种方式组成，分别是接受式学习的阅读、探究式学习的思考和讨论式学习的表达。②阅读、思考、表达的"三环节说"。例如，语文教学中存在阅读、思考、表达三个基本环节，我们可以称之为阅读、思考、表达"三环节说"，这三个环节相辅相成、层层递进，有着密切的联系，通过阅读可以进行深入的思考，有了深入的思考后才能进行有效的表达（表1-4）。

表1-4　阅读、思考、表达的"三环节说"

主要环节	具体内容
阅读环节	在传统以听为主的语文课堂上，阅读被听课取代。学生在课堂上只能被动地接受教师已经消化好的知识，不能与原生知识、真实情况发生直接、具体的接触，长此以往，学生吸收新知识、检视新现象的能力就会逐渐消失。教学活动变为机械地接受与记忆的过程。因此，引导学生进行独立自主、全面系统的阅读就成为课堂教学中极具根本性意义和基础性价值的重要环节
思考环节	知其然更要知其所以然是学生进行阅读的关键，这就要求学生在阅读中能够进行思考。既要发现疑难问题，也要对疑难问题进行质疑；既要明白问题的答案，也要对问题有自己的思考和观点。在传统课堂教学中，学生在课堂上几乎没有思考的过程。多数情况下，学生没有提出和发现问题的机会，即使遇到了真正的问题，多数教师也会使学生接受教师对问题的看法和解释，这样就造成了很多不良后果，如学生没有独立思考的机会，影响学生的创新思维等，最后教学就只剩下了所谓的知识。所以，引导学生进行独立思考并提出有深度、有意义的问题就成为课堂教学中决定教学质量的关键环节
表达环节	有了阅读和思考的环节，学生还可以通过与其他同学之间的沟通、交流、分享等表达自身的观点和意见，并在此过程中不断改善、充实、变更自身的观点和意见，最终实现认知水平和知识能力的不断提升。传统课堂教学缺乏表达环节，整个课堂教学都以教师为主，学生只起到配合教学的作用，而忽视了学生是否真正掌握、形成了自身观点和意见，整个教学只是为了完成教师的教学任务，这种不以学生为主的教学课堂无法提升学生的发展能力，更不能够提升学生主动参与课堂教学的积极性。因此，引导学生进行积极表达就成为课堂教学的题中之义和必不可少的构成要素

"阅读—思考—表达"这三个环节构成了以素养为导向的课堂教学的基

本结构或基本范式，又称"通用式"。但是，针对不同学科、不同教师、不同课型和内容、不同教学阶段和任务，这一基本范式会产生许多具体的变式，如"简约式""灵活式"。简约式一般以阅读、思考、表达的一两个要素为重点组织教学，而灵活式则以阅读、思考、表达三个要素的随机组合展开教学，凸显教学的随机性、灵活性和创新性。

（二）核心素养的基本原则

1. 科学系统设计原则

在素质教育不断推进的时代背景下，核心素养的培养成为当前人才培养的一个重要方向，指导着学校教育教学的改革。培育学科核心素养贯穿于学科教学的始终，是学科教学的关键。学科核心素养培养的内容与学科内容以及学科目标有着直接的关系，学科不同，其核心素养也不同。但是任何学科的核心素养的培养，其大的方向都是一样的，即聚焦学科最核心的知识、方法、思维。

教学活动是一项系统的过程，从课程标准的制定到学科知识的教学都需要以学科特点为基础，同时兼顾学科知识，通过由浅入深、逐步深化的方式来编排。学科核心素养对于学科教学有着重要的指导意义。因而，从核心素养层面进行教学设计是现代教学设计发展的必然趋势，需要立足于核心素养，进行课程知识的分析、学科内容的理解。在核心素养理念意识的指导下，进行系统的教学内容的分析，将核心素养的培养渗透于教学中，并强化其地位，使核心素养的培养在教学的各个环节都得到落实。

核心素养的培养，不是一蹴而就的，对核心素养的培养往往需要以学期或学年为单位来建构，甚至有的学科核心素养还需要跨阶段来实现。这就意味着核心素养的培养离不开科学内容的系统设计，以促使核心素养的培养有计划、有步骤地实施。首先，需要在核心素养理念的指导下分析学科课程，确定以核心素养的培养为基础的课程主题。进而围绕这一主题，分析课程章节主题，进行逐一教学，这是一条从宏观到微观进行学科核心素养培养的系统化设计路线。其次，有针对性地对核心素养所集中的课程内容进行全面分析与系统设计，包括知识内容的分析、教学目标的设定、教学过程的设计等，这些都要围绕核心素养的培养理念进行。

2. 遵循发展性的原则

人的存在具有双重性，即存在和发展。其中，存在是基础，发展是生存的保障。核心素养的各素养之间相互联系、相互补充、相互作用，共同发挥整体作用。所以核心素养的培养要注重影响其发展的因素。

贯彻核心素养的发展性原则要注意：①必须坚持科学性。在教育教学的过程中要遵循学生的心理特点和身心发展规律，坚持以人为本，立德树人。在研究的过程中要有科学的方法，重视理论与实践的关系，确保研究过程的严谨与科学性。②注重与时俱进，要具有鲜明的时代性。核心素养的发展要与时代相适应，人才的培养要与社会的发展相适应，要具有先进的思想与方法，与时代相一致。同时，在整个研究过程中要注重中华民族传统美德，弘扬中华民族优秀的传统文化，实现核心素养的研究与中华民族的传统文化的传承相统一。

3. 注重课时积累原则

核心素养的培养离不开学科的教学过程，它贯穿于教学活动的每一个环节及每一个阶段，是一个系统化的过程。而学校教育的每一个阶段又包含着一系列课程，课程的教学是通过特定课时的累积而完成的。因而，基于核心素养培养的特点，它的形成也应体现课时累积的原则。只有不断累积，在每一课时中都强化核心素养的培养，才能看到成效，核心素养的体系才能被成功构建。

需要注意的是，课时核心素养的培养，必须以整体素养的构建为指导。这就如同建构高楼大厦，只有明确大厦的规划，并以此为依据指导砖瓦的摆放，才能保证所建大厦不偏离规划要求。对于教学过程中的主次重点，需要从核心素养的培养出发，来把握课时。课时的教学不是独立的，是在一个主题对应的章节中相互联系，促进理解与深化的。基于核心素养的培养，需要注重以章节为单位的课时教学，并将其视为章节目标达成的主要途径，通过课时学习的有效积累，促进核心素养的构建。

（三）核心素养的重要意义

核心素养是对新时期教学目标及任务的科学化与具体化，是新的时代背景下对教育所培养人才的美好憧憬。对于教师而言，核心素养的提出只是为他们的教学指明了方向，他们更关注的是如何在教学中落实核心素养的培养问题。而对于核心素养理念的教学意义的认识和理解，也需要教师对其有一个客观而全面的认知。

1. 核心素养理念的现实意义

核心素养理论是教学目标的科学化和具体化，为课程的设置指明了方向，成为课程设置的重要依据。对于传统教学而言，课程内容的设置一般是教师针对学科特点及知识结构，以学科发展逻辑为主线而设定，教材编纂也有相对明确的选择路径。随着时代的发展及教育改革的进行，课程设置在内容的选择上也更为丰富、难度也逐渐提升，但是对于学生的发展价值没有确切的保障。

教育的根本目的在于促进学生能力与品质的发展。显然，传统的课程设置并不能很好地促进教学目的的达成，这就需要教师及教育工作者转变教育理念，更新课程设置观念，将知识在学科中的意义转向知识在核心素养培养中的意义，并作为课程内容的确定依据。换言之，课程内容的设置需要最大限度地容纳能够促进和提升核心素养的一系列相关知识。只有这样，才能免去不必要的、对学生成长意义不大的课程内容，从而使学生在有限时间获得更多更有价值的知识，调和教学时间有限与知识学习无限之间的冲突。

在核心素养理论的指导下，课程内容的确定与教材编撰也将发生根本性的变化，主要表现为，从过去单纯以学科知识体系为依据的路径，转变为兼顾以促进学生核心素养的形成为依据的路径，这既符合现代教育的根本目的，也更有利于促进学生的发展，为学生的发展提供了有力保障。由此可见，核心素养是课程内容选择的重要依据，在此基础上进行的课程内容的设置、教材的编撰等，才更有教育价值及意义。从一定程度而言，这是课程理论与实践的创新与突破。

核心素养理论指导教师的课堂教学。在教育改革的不断推进中，核心素养的提出，顺应了教育改革的趋势。在核心素养理论的引导下，教师不再沉浸于厚重的书本、疲惫于繁重的练习，也不再纠结于成绩的好坏、分数的高低，而是透过书本和成绩，看到教育的实质即人的发展，以及育人的目标。尽管学生的分数与成绩有着一定的作用，在一定程度上能够反映学生对知识的掌握和运用能力，但这并不是教育的终点。教育应该在促进学生掌握知识的基础上，促进学生能力的提升及全面发展。目标是前提，教材是辅助，学生才是关键。只有这样，才能保证教育发展的正确方向。从知识本位转向核心素养本位，是课程改革的质的深化与升华。

2. 核心素养理论的超越性意义

核心素养理论的超越性意义，主要体现在以下方面：

（1）教学的教育性

教学的意义在于向学生传授基本的文化或内容，并让学生掌握。由此可见，教学必然涉及教与学的过程。换言之，教学必须将借助某种文化内容的习得（学力的形成）同作为生存能力的人格（教学的教育性）的形成联系起来。基于核心素养的定义，教学既包含关键能力，也重视必备品质。因此，核心素养理论对于教学而言，有着积极的意义。此外，从教学过程来看，教学的过程是向学生传授知识与技能的过程。一定程度而言，也可以理解为是向人传递生命气息的过程。无论基于哪一种理解，人都是教学的关键，人的发展才是教学的价值所在。因而，对于学校教育而言，课堂教学是学校教育最主要的形式，理应顺应时代发展的要求，尊重学生个体，将学生的发展视为教学的价值所在。从这个意义上而言，教学目标的达成，不应该只是教学方法、技术层面的改变，其关键在于教育观念的变革，即尊重学生的个体性，要让学生成为真正的自己，而非被概括、被物化的抽象人，这也是教学教育性的体现。

（2）教学的在场性

教学活动中，教师的教与学生的学是相互统一的，是教学过程中很重要的一组关系。相对而言，学生的学更应该得到重视与强化。换言之，教师的"教"是为了学生更好地"学"，教是为学服务的。建构学习理论认为，学习过程是对知识的意义建构过程。而这一过程不是仅依赖教材和教师就能够完成的，还必须通过学习者自身的努力才能达成。换言之，学生个体是关键，即教学活动必须是学生个人"在场"，才能真正发生。可见，学习离不开学生自我的参与，否则学习活动便不会发生。

核心素养理论重在对学生能力及品质的培养，引导学生通过自主学习去发现知识、解决问题，并把通过"经验的能动的再建或者统整"的知识视为真理。这种被视为真理的知识，被称为"默会知识"，这种知识的获得意味着"在场"学生对知识的真正学习和理解。

（3）教学的交互性

教学应是师生双向互动的过程，而非教师的一言堂。核心素养理论的提出，符合现代教育的要求及理念。它强调学习共同体的创建，意在教师与学生间形成多维互动的关系，促进师生间、学生间的交互。不仅如此，还强化了个人知识和学科知识的对话互动，使教学过程成为知识创造的过程，从而使得知识的学习更加灵活，也为学生综合素质与能力的培养营造了良好的教学环境。

三、中学语文核心素养教学

语文核心素养指的是能够反映语文这一学科本质内容及学科价值的素养，是只出现在语文学科中的素养。语文学科作为独立学科，有自身的独特性，语文教育要把能体现语文独特性的语文核心素养当作教育目标，否则语文教育就可能偏离正确方向，也不能发挥自身在育人方面的独特作用。语文核心素养一定能够反映出语文学科的独有性质。

语文教育学界一直在致力于研究语文的学科性质，语文学科性质方面的研究会直接影响语文学科的现实发展及语文学科的学科地位。如果能够精准地对语文学科性质进行分析定位，那么语文教学目标的设置就会更准确，语文学科的教学质量也会有所提升，能够为语文学科找到正确的发展道路。语文学科性质主要包括：工具性、人文性、工具性和人文性的统一、言语性与语言性。

（一）语文核心素养的构成要素

1. 语文核心素养构成要素的甄别

语文学科的根本是语言，语文教育是以语言发展为基础的教育，其他任何价值都是从语言这片土壤上培植出来的，语言是核心、是焦点。现在把这一焦点放大，甄别与语言相关的要素，准确把握语文教育中学生应该具备的素养。

（1）"思维"不是语文核心素养的构成要素

语言与思维存在密切的关系，语言是思维的载体，是其物质外壳，人类的抽象思维都是在语言的基础上进行的。语文教学主要是语言教学，在这一过程中，会培养学生的思维能力。

在学生由对母语的感性认识上升到理性认识这一过程中，随着听、说、读、写水平的提高，思维品质也在不断地提升。在语法规则训练中，学生的抽象思维得以发展；在辨析语言运用中的矛盾现象时，学生的辩证思维得以发展；在文学作品的品读中，学生的联想和想象得以发展。在语文学习过程中，学生的分析、比较、归纳能力都有所发展，思维的灵敏性、深刻性等品质也有所提升。

（2）"审美"与"文化"应归为语文核心素养

在学习语文知识的时候，学生可以利用文学作品品读的方式去了解语言的艺术魅力，感受语言具有的情感及形象美。在中学阶段，语文教育应该要求学生掌握文学作品欣赏能力，体会文学作品传递的丰富情感，让学生真正感受中华汉字的独特魅力，形成对中华文字的喜爱。在对文学作品进行欣赏和评价的过程中，学生也会获得独属于自己的情感经验、审美体验，这有助于学生语言运用能力的形成。

语言和文化之间的联系非常紧密，我们可以利用语言去了解过去人类文化的发展，也可以利用文化去分析人类语言发展的特性。一般而言，可以借助语言文字去理解一个民族发展过程中形成的传统文化，因此，语文教育也需要把文化的传承、弘扬当成自身的教育任务。但是，文化包含的要素过多，语文教育需要明确具体的文化内容及文化素养要达到的水平，否则，语文就可能会变成"泛语文"。

2. 语文核心素养构成要素的表述

语文核心素养构成要素的表述主要从以下方面着手（图1-3）：

（1）语言运用

因为语文核心素养关照的主体是学生，所以应该揭示学生学习语言的规律。学生语言能力的培养不是一蹴而就的，而是一个渐进的过程。最初是通过积累而形成了语感，即在丰富的语言材料和言语活动经验的基础上，学生凭借直觉感悟和归纳在应用中形成了良好的语感。所谓语感包括语音感、语义感、语法感，在心理上表现为一种感受、直觉、心智技能、审美能力，在本质上为一种能力。在此基础之上，通过理性分析和演绎形成规律性认知也就是语言运用的规律，我们称之为语理，包括语法、逻辑、修辞等内容。掌握语理不是目的，而是帮助学生建构自己的语言系统的必要条件。我们可以在特定的语境中凭借语感和语理进行交流，这种交流可以通过口头语言的形式也可以通过书面语言的形式来达成，之后将自己获得的言语活动经验和策略在实践中灵活地运用，具备语言运用能力，解决现实中存在的问题。

（2）文学审美

学生可以用阅读的方式或文学作品欣赏的方式去感受语文的艺术魅力，在这个过程中，学生可以利用自己的想象从阅读欣赏中获得强烈的情感体验，也会尝试借助语言去展现美，这时学生的审美情趣、意识及能力都会得到有效培养。

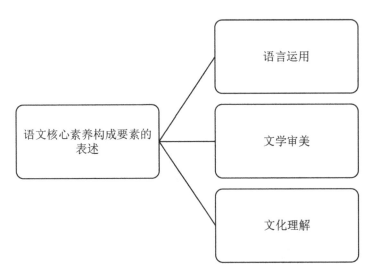

图1-3　语文核心素养构成要素的表述

（3）文化理解

语言文字中包含了人类文化，与此同时，语言文字也是人类文化中的重要构成部分，学习语言文字必然会受到文字中文化的渲染。学生可以利用语文学习了解文字，了解文字背后蕴含着的精深的中华文化。除此之外，也能够积累与中华文化有关的基本常识。学生在学习语文知识的过程中会不自觉地受到中华文化的陶冶，会自觉地继承人文化，提升自身的修养水平，也会形成强烈的文化自信。除此之外，学生也会受到文化的吸引，自觉参与文化传播活动、文化交流活动，养成文化自觉。除此之外，学生也需要注意的语文作品的学习可能会涉及其他地区的文学作品鉴赏，学生应该对其他地区的优秀文化有一定的了解，尊重其他地区的文化，吸收和借鉴其他文化的优秀部分。

（二）语文核心素养的具体特征

1. 语文核心素养是学生的共同素养

语文核心素养是所有学生都应该掌握的基本素养，是适用于所有学生的共同素养。学生在接受语文知识教育之后，就要形成语文核心素养。

学生在学习语文知识、接受语文教育之后，会掌握一定的语文材料，也会有一定语言方面的实践经验，会对语言本身的特点以及语言规律有所了解，这时学生就会形成独特的个性的语言，并且学生可以在交流当中运用语言。除了语言运用方面有所提升之外，学生的文学审美能力也会有所提高，学生会掌握语言鉴赏的方式、文学作品的赏析方式，能够发现语言和作品当中的文化美、艺术美、语言美。在文化理解层面，学生借助于知识的积累会了解语言背后所蕴含的文化，也会形成文化理解能力，掌握优秀的中华文化品质。上面所提到的语言运用、文学审美及文化理解三个方面的素养，都是学生接受基础教育之后应该掌握的共同素养。

2. 语文核心素养可以进行阶段划分

语文核心素养的连续性可以从两个方面看出：首先，语文核心素养在个人层面具有连续性，随着学生的成长、发展，其语文核心素养也会慢慢地优化、完善；其次，语文学科层面存在连续性，学生的语文核心素养是后天学习所获得的，在学习语文的过程中，学生会慢慢地累积语文核心素养，从最开始的遣词造句到后期的作文写作，学生的能力是逐步提升的，学生所形成的品格和语文能力也会慢慢地提升，趋于稳定。因为语文核心素养具有连续性，所以它的培养一定是分阶段的。分析人的身心发展可以发现，不同的发展阶段，人在身心方面的特点是存在差异的。所以，不同的阶段要掌握的语文学习内容也应该有所差异、有所侧重。一般而言，中学阶段要求学生有更强的语言运用能力、更高水平的文学审美素养，要求学生积累一些语言文化，要对独特的中华文化形成个人见解。

需要注意的是，在某一个阶段，语文核心素养培养的结束并不代表学生整体语文核心素养的结束，相反，它代表下一阶段语文核心素养培养的开始，语文核心素养的培养要找准培养关键期，找准培养的重点。

（三）语文核心素养的结构关系

语文核心素养作为一个系统，其构成要素之间不是孤立存在的，而是存在着一定的关系。下面主要探讨语文核心素养各个构成要素之间相互影响、相互制约的关系：

1. 语文核心素养的"一体"结构

"一体"指的是语言运用。对于语文核心素养来讲，语言运用是其主体，也是其结构系统的存在基础。学生想要进行文化理解就需要建立稳固的语言运用基础，然后在语言运用过程中进行文化理解。

文化审美需要对言语作品进行鉴赏，换言之，对文学作品的鉴赏、对语言艺术的评价、学生个人审美经验的获得都需要依赖于语言，只有掌握一定的语言运用能力，才能推动文学审美的形成，才可能有更高的文学审美水平。

文化理解需要以语言作为基本载体，学生需要在品读语言文字的过程中去感受文化魅力。学生需要不断地学习语言文字，然后去积累文化素养，学生对文化的理解、对文化的认同也是借助语言文字作为载体而实现的，在语言运用的过程中，学生会更快地完成文化理解。

2. 语文核心素养的"两翼"结构

两翼是指"文学审美"和"文化理解"，这是建立在"语言运用"素养的基础之上的，同时也促进了"语言运用"这一素养的发展和提升。

"文学审美"这一素养，通过鉴赏、评价、表现文学作品的美，提升学生的语言表现力和语言感受力，能够激发学生对语言艺术的热爱，在语言实践中积累好的语言材料，建构语言审美经验，运用优美的语言文字进行沟通与交流，促进"语言运用"的形成和发展。

"文化理解"这一素养，通过积淀、继承、理解优秀的中华传统文化，能够增进学生对语言文字的理解，丰富语言文字学习的情趣，能够激发学生对语言文字的热爱。在语言实践中，丰厚的文化积淀可以改善学生的语言面貌，使学生在沟通与交流中更加运用自如。

"文学审美"与"文化理解"两者之间也是相互促进的关系：学生审美水平的提高，能够增进对优秀文化的理解和认同；学生有一定的文化积淀，也能够丰富审美体验。二者相互促进，和谐发展。

总而言之，"语言运用""文学审美""文化理解"是语文核心素养的"一体"和"两翼"，三个要素相辅相成，共同发展。

（四）语文核心素养教学的基底

文化传承与理解是指学生在语文学习中，继承和弘扬中华优秀传统文化、革命文化，理解和借鉴不同民族和地区的文化，拓宽文化视野，增强文化自觉，热爱祖国语言文字，热爱中华文化。

学生核心素养的建构与发展，必须根植于肥沃的中华优秀传统文化土壤之中。中华文化绵延五千多年，经过一代代人的传承与创造，已经成为中华民族的精神支柱与宝贵财富。中华优秀传统文化，主要体现为以"儒、释、道"三家为主体的中国传统文化思想，其核心是理想人格、自我实现和价值追求。在当今各种文化思潮碰撞交锋的时代，中学生继承和弘扬优秀传统文化，不仅仅关系到他们自身的前途和未来，更关系到中华民族的前途和未来。

在继承和弘扬中华优秀传统文化的同时，我们也应注意开阔文化视野，以多元包容的心态理解他域文化的存在，吸收世界各国的文化精华，不断丰富中华文化的思想宝库。

第一，依托经典文本，多角度进行文化理解。语文是文化的载体，也是文化的组成部分，语文教育本质上就是一种文化传递过程，一种文化的生成和创造过程。从文化的视角来透视语文教育的本质与特性，我们就会看到语文教育是一个由文化构成的丰富多彩的世界。优秀的文本总是渗透一定的传统文化思想，传承与理解文化不能通过灌输的方式，而应通过对文本的解读与鉴赏，充分挖掘文本中的文化元素，于潜移默化中让学生接受，并使其自觉地担负起理解与传承优秀文化的使命。

第二，借助语文活动，引领学生传承文化精髓。传承文化精髓，不仅要借助对文本的理解，还要借助丰富多彩的语文活动，要让学生在活动中学语文、用语文，接受文化的浸润与熏陶，以语文的方式参与文化建设。①开展语文活动，传承文化精髓，可以与文本有机地衔接。学生学习戏剧时，我们可以让学生结合文本加以编排，如学习曹禺的话剧等，可以让有兴趣的学生表演，学生在表演中会加深对戏剧的理解，感受戏剧文化的魅力。②开展语文活动，传承文化精髓，可以融入传统节日元素。我国的传统节日，都有浓浓的文化意蕴，我们可以通过开展一系列的语文活动，将纪念传统佳节与传承文化精神紧密结合起来。例如，端午节，我们可以举办纪念屈原诗歌朗诵会，感受屈原伟大的爱国精神；重阳节，我们可以走访敬老院，慰问孤寡老人，弘扬"老吾老以及人之老"的敬老孝老文化。③开展语文活动，传承文化精髓，还应与地方的文化资源联系起来。每个地方都蕴藏着丰富的文化资源，有着鲜明的乡土特色。名人故居、名胜古迹、博物馆、纪念馆、文化馆、美术馆等，都可以成为我们开展语文活动的场所，学生可以通过调查、访谈、参观等方式，了解家乡深厚的文化底蕴，并融入地方的文化弘扬与建设中去。④开展语文活动，传承文化精髓，要建设各级、各类语文学习共同体。我们的语文学习活动，很多是综合性学习活动，要发扬集体的团结协作精神，这就需要建立语文学习共同体，如新闻记者团、辩论队、读书会、文学社等。社团语文活动的开展，要有很好的规划，能围绕特定的文化现象或主题开展活动，能让每一个成员在活动中提高文化品位，提升语文素养。

需要注意的是，开展语文活动，传承文化精髓，一定要突出"语文性"。无论我们选择怎样的文化现象或主题，都不要忘了基于语言文字、落实在语言文字上。语文课程是以口语和书面语来承载文化信息的，语言文字是进行文化传播和文化生活构建不可取代的载体。各类学习活动的开展都要注意强化语文意识，突出语文性，像读书交流、习作分享、演说辩论、诗歌朗诵、戏剧表演等都是具有语文特色的活动。当然，"语文性"与"文化性"是无法割裂的，突出了"语文性"，也就意味着重视了"文化性"。

第二节　中学语文教学内容的确定依据

语文教学内容是语文课程教学实践中供教师教和学生学的内容，这些内容是教师根据语文课程目标的相关要求，结合学生的认知基础和学习需要，在备课中通过对教材内容的选择、加工而设计出来的内容。"语文教学内容不仅局限于教材内容，教师可以根据实际教学的需要，适当增加教材以外的学习材料，所增加的材料是对语文教学内容的丰富，也属于教学内容。"[①]确定中学语文教学内容的依据主要从以下两个方面着手：

一、中学语文教学内容要依据语文课程标准

语文课程标准是国家关于语文学科教学的政策性文件，对语文学科的课程性质、课程目标、课程教学要求等做了明确的规定，是语文教师正确地理解教材、把握教学方向、确定教学内容，从而提高教学质量的行为准则。

第一，教学内容应符合语文课程的性质特点。《义务教育语文课程标准》和《高中语文课程标准》都对语文课程的性质作出明确的表述："工具性与人文性的统一是语文课程的基本特点。"这对中学语文教学内容的确定是有指导意义的。语文课程标准肯定了语文课程的"工具性"，认为"语文是最

---

① 冯海英. 中学语文教学内容确定的依据 [J]. 教学与管理，2019（13）：44.

重要的交际工具"，因此，教语文的重要目的是通过语文学习，使学生获得一种语文交际的能力。语文课本是语言的载体，也是语言表达的成果。语文教师在进行教学设计时，应把语言学习作为教学的重要内容，也就是注重"字、词、句、篇、语、修、逻、文"的学习，注重听、说、读、写等语文能力的培养。语文课程教学要重视感受、品味、领悟，重视熏陶感染，实施人文教育，使学生形成正确的情感态度、价值观。工具性与人文性在促进人的全面发展的过程当中应该是统一的，工具性着眼于语言的运用与实践，人文性着眼于人的存在与发展。因此，教师在确定教学内容时，不能只重视知识的积累，也应重视学生的情感、价值观的教育，基本要求是在落实"双基"的过程中形成正确的价值取向。

第二，教学内容应遵从语文课程目标的引领。语文课程目标是中学语文教学活动的出发点和归宿，指引着中学语文教学活动的方向。教师熟悉并掌握教材，确定教学内容，都要以课程目标为指南，使教学活动的实施能符合实现课程目标的需要。《义务教育语文课程标准》在"课程目标"部分列出了 10 条总目标，这些目标可以概括为三个方面：一是培养学生正确地理解和运用祖国语言文字的能力；二是训练学生的思维能力，发展他们的智力；三是渗透思想品德、审美情趣的教育，形成健全人格。语文教师要在课程目标的引领下定位一篇课文、一节课的教学目标，并围绕具体的目标确定具体的教学内容。语文课程目标是中学语文教学活动的向导，遵从语文课程目标的引领，确定中学语文教学内容，才能克服中学语文教学的随意性和教学内容的泛化。

二、中学语文教学内容要重视教材文本特点

作为中学语文教学内容的载体，语文教材文本是实现语文教育功能的物质基础，一切语文教学活动的展开都应立足于教材文本之上。因此，确定中学语文教学内容，必须重视中学语文教材文本。

（一）重视教材文本体式

文体是指由一定的话语秩序所形成的文本体式，作者独特的情感、性格、精神风貌等构成了文本的内涵。因此，解读文本，深入理解课文，确定语文教学内容，必须关注文本体式的特征。

中学语文教材主要是由各种体式的文学作品构成。这些文学作品的体

式包括小说、诗歌、散文、神话、戏剧、寓言等。在进行教学设计时，我们要根据文章的体式特征确定教学内容。例如，小说体式特点有人物、情节、环境三大基本构成要素。小说教学的主要目的是让学生了解小说的文体常识，丰富学生对社会、人生的体验，提高学生的鉴赏和写作能力。小说的教学要关注其构成的基本要素，逐步引导学生分析人物形象、分析小说情节、分析典型环境，使学生在分析过程中积累知识、体验情感、培养能力。诗歌讲究韵律，富有音乐性，它饱含情感，富于想象，语言凝练，结构跳跃。诗歌的教学，要指导学生诵读，分析、探讨诗歌的意境，体会表达诗歌的情感。总而言之，不同体式的文章其教学内容有不同的侧重点，教师在设计语文教学内容时，应充分考虑文章的体式特点，结合文体特点设计出合宜的教学内容。

（二）确定教材文本内容

确定中学语文教学内容，要对文本进行深层的解读，要关注文本的内容。文学作品是意蕴丰富的信息集合文本，总是有很多空白和未定性，读者无法一目了然其全部内涵。如何确定突破口，通常需要教师对文章的各层内涵、各处教学价值进行梳理，厘清它们之间的关系，然后结合学生的实际需要，对各个教学价值进行排列，由此确定教学的主、次内容。

中学语文教师备课的第一步应该是阅读文本，对文本形成自己的初步理解，在此基础上阅读教学参考书，注意比较自己的理解与参考书上教案范例解释之间的异同，进而利用网络了解其他教师对课文的理解与教学设计，同时查阅一些学术期刊中关于课文文本的代表性评论，并与同事交流。教师这样做是为了与他人进行思想的交流，在思维的碰撞中，拓宽自己的视野，突破自身的狭隘见解。例如，通过对朱自清的《荷塘月色》解读与研究，我们发现：在教学中，有的教师以语言学习为主，着重学习描写手法；有的教师注重人文熏陶，让学生感受自然之美；还有的教师注重学生的思维训练，引领学生思考"自由与约束"的难题。另外，也有教师把它当作一般的散文学习，学习散文的文体特点、感受作者的感情变化。

汉语言知识、技能学习，人文的熏陶、感受，学生的思维训练，这些都是语文课的学习任务。但是任何一种教学设计，任何一堂课，都不可能包揽全面，穷尽其妙，因而，我们常常只要专注于其中的某一个内容，以此为突破口，引导学生深入理解文章，让学生学有所得即可。文本内容中蕴含着文章的核心价值，语文教师确定教学内容时，要充分关注文本内容、充分挖掘文本内容的教学价值，结合学生的实际需要确定语文教学内容。

第三节 中学语文课堂教学的有效性探索

一、中学语文课堂教学有效性的提高方法

教育的不断改革，凸显了陈旧的授课方法的不足，也要求教师重视课堂教学。中学语文教师在课堂上要着重培养学生的学习主动性，将学生的地位转变至主要位置，增强其各类能力，使之能成为符合社会发展需要的全方位的人才。学生也要在课堂这个重要场所里能学到更多的语文知识，课堂会很直接地对学习的成效和质量造成影响，所以教育部门也特别注意对提高课堂教学的研究。教师在课堂教学的时候，能引导学生使用适合自身的学习方法去学习，也能培养出中学生语文的综合学习技能。"课堂教学效率有所提高后，使学生学习语文的成效提高，能更容易地将学习和社会及生活相连接，培养出符合社会需要的有能力的人才"[1]。提高中学语文教学有效性的方法具体如下（图1-4）：

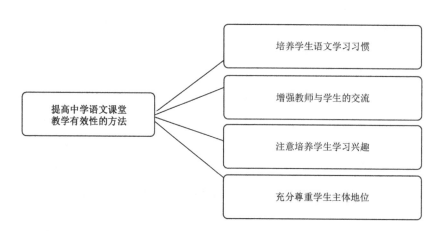

图1-4 提高中学语文课堂教学有效性的方法

---

[1] 陆艺之. 提升初中语文课堂教学有效性的方法 [J]. 软件（电子版），2020（1）：21.

（一）培养学生语文学习习惯

培养学生好的学习习惯，在未来的学习和生活之中是非常必要的。中学语文教师需要在授课之前做好准备，先厘清教学的思路，才能在课堂有限的授课时间内做好教学工作。在课堂上要注意教学次序，由表及里地引导学生掌握教学的知识，促使学生养成良好的学习习惯。监督学生在课堂上认真听讲，随时注意学生的状态，运用有意思的讲解语言授课，在轻快的节奏中，让学生学习到语文。教师要有重视对学生的鼓励，在课堂上表现出色的学生，一定要多鼓励，也可以进行奖励，让其起到带头作用，带领其他同学一起学习和进步。教师在课堂上要多观察，可以在学习方法和习惯上，对学生进行重点指导，发现方法有问题的学生，要注意引导，帮助学生改正，促使其养成良好的学习习惯。

（二）加强教师与学生的交流

在教学的过程中，如果教师和学生之间缺少了沟通，会使课堂教学出现问题，学生不能跟上教师的授课思路，就无法顺利地学习。所以教师要加强与学生的交流，多了解学生，包括在生活、情感等多个方面。

在与学生交流的时候，自然会发现学生在语文上出现的问题，了解到学生的情感问题等，收集到这些有价值的信息，便于教师帮助学生排除障碍。教师有目的地去授课，解决学生学习中出现的问题，总结出合理的学习方法，帮助学生解决在学习中遇到的困难。

另外，教师要多关注学生的心理状况，中学生，由于其年龄特点，很多事情都是学生从来没有遇到过的，面对这些未知的情况，学生不知道正确的做法，所以在不断尝试的过程中，容易出现种种问题。教师要告诉学生对和错应该怎样去辨别，"三观"如何去正确建立，为学生提供辅助作用。需要注意的是，这不是替学生去做决定，而是让学生合理地去解决自身的问题。通过交流，教师要去倾听学生对课堂上教学的意见，让学生大胆提出建议，合理地去分析，进行改进和总结，最终提升教学的质量，提高课堂教学效率。

（三）注意培养学生学习兴趣

教师要注意运用多元的方法，激发学生的兴趣，促进课堂教学成效，让学生主动地去学习。现在多媒体是一个很好的教学设备，教师要根据中学生喜欢多媒体的现象，将教学的内容通过多媒体展现在课堂中，激起学生的兴趣，使用多媒体与学生进行互动。在课堂教学时，教师也要多带领学生进行情境的模拟，让学生能亲身去体验，更快地学到语文知识，扩大思维的空间，调动学生学习的主动性。

（四）充分尊重学生的主体地位

在传统中学语文教学中，教师在课堂教学的过程中大多是单一地向学生讲述理论知识，鲜有让学生根据自身的语文学习水平以及思考能力来对中学语文教学内容进行全面的分析和思考，导致学生在当前中学语文教学课堂中学习到的大多是一些固定的语文知识和语文解题思路。在这种教学模式中，学生的联想能力和创新能力得不到有效提高，阻碍了学生自主学习能力的提高。因此，在当前中学语文教学课堂中，教师应当尊重学生的主体地位，对课堂教学模式和课堂教学手段进行不断的创新和改进，使学生可以自主地对课堂讲述的内容进行不断的探索。

二、中学语文课堂教学中有效提问的对策

"所谓有效提问，就是以有效研究性的策略提出有效问题，使学生积极参与，思维得以发展，思维品质得以提高。有效课堂提问是指教师在精心预设教学问题的基础上，又能够在教学过程中创设良好的问题情境，在教学时生成适当的问题，并引导学生积极主动思考，参与对话，全面实现预期教学目标，并对提问及时反思与实践的教学过程。"[1] 如何避免冗余提问，增强课堂提问的有效性，着力打造高效语文课堂，需要注意以下方面（图1-5）：

第一，教师应该了解教材和学生。了解教材和学生是预设有效课堂问题的必要前提，每篇课文都有自己的特点，教师通过对教材的深入钻研，可以准确地认识有关特点，把握要点，明确重点、难点，只有熟练地驾驭教材，巧妙地设计编写课堂提问，才能正确引导学生释疑解难。如果对教材内容不熟，只是肤浅地提出问题，学生就不能更好地掌握知识。所以，只有了解教材，才能选好提问的突破口。

① 江翠. 中学语文教学课堂提问的有效性研究 [J]. 文理导航·教育研究与实践，2013（12）：3.

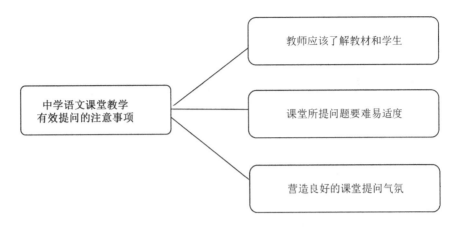

图 1-5 中学语文课堂教学有效提问的注意事项

第二，课堂所提问题要难易适度，既不能过于浅白，没有思考余地，又不能太艰深，让人难以捉摸，无从下手。太浅白，索然无味，提不起学生兴致；太艰深，学生回答不了，不仅达不到教学目的，反而会挫伤学生的学习积极性，事与愿违。其难度应以较高水平学生经过思考、讨论或稍加提示点拨可以答出为上限。

第三，营造良好的课堂提问气氛。对于学生而言，良好的学习氛围有利于学生产生积极的学习心理，促进学生大脑的快速运转，主动地参与到学习过程中，与其他同学探讨问题并主动思考。

在学习的过程中，提问的过程实际上是师生之间的对话过程，而对话应该在一个轻松、愉悦的氛围中进行。①教师应当为学生创造一个平等的课堂氛围。在课堂教学中，教师应当以学生为主体，将自己与学生融为一体。对于教师而言，教师与学生之间进行平等对话，保证师生之间关系的和谐。在学生进行提问时，教师应当为每位学生提供平等提问的权利，由于学生认知水平的差异性，所提问题和所回答的问题有对有错、有易有难，教师应当平等地对待。②教师要使课堂氛围具有一定的感染力。因此，教师在进行课堂提问时应当注意自己的语态，即自己的言语和状态。对于学生而言，教师良好的状态可以感染学生，而为学生创建一个具有感染力的课堂可以帮助学生更好地融入，引发学生主动思考，从而高效完成课堂任务。③教师在提问时，语言感染力也必不可少。语言感染力对于课堂气氛的活跃同样起到至关重要的作用，教师在进行课堂提问时，应当注重口语与书面语的双重结合，灵活且严谨。

第二章　中学语文的多元教学方法

第一节　中学语文教学中的自主与合作学习

一、中学语文教学中的自主学习

自主学习是学习者对自己的学习行为负责，自己是学习的主人，学习是自己的事，自己能够学，尽量自己学，不懂、不会的，可以在教师引导和同学的帮助下思考解决。自主学习是学习者根据自己不同的学习需求，在整个学习过程中自我规划、自我管理、自我调节、自我检测、自我反馈和自我评价的自我构建过程。

（一）中学语文教学中自主学习的特点

从学生的现有水平和内在品质角度讲，自主学习具有以下特点：①自主学习是建立在学生想学习的基础上；②能够学习是建立在自我意识发展基础上；③知道怎么学习是建立在掌握一定学习策略上；④坚持学习是建立在意志努力上。

在自主学习的语文课堂中，教师的活动是提供各种语文学习服务和建议，点拨学习中的困惑，帮助、指导学生学习。教师需要研究自身作为教师该做的事。预习复习中规范要求而决不压抑学生的自由发展和个性张扬，学生自主学习语文要求教师关注的兴奋点发生转变，从关注学习转变到关注思想情感的培养、文化的渗透，从关注眼前的成绩转变到关注学生的生命状态。换言之，教师在关注知识的传授的同时还要关注学生的情感、态度、观念、方法和自我管理等内容。

（二）中学语文教学中自主学习的内容

1. 设置目标任务

（1）创设具有挑战性的目标

教学目标是教师进行教学活动的指南，在大多数情况下，教学目标是由国家、学校或教师来确定的，学生只能被动地接受这些目标。在这种情况下，如果教学目标设置不够合理，则会对学生的自主学习造成一定的消极影响。因此，教师在设置学习目标时，应注意以下方面：首先，教师应把提高学生自主学习能力设为最终目标，并在教学中有意识地强化学生自主学习的能力，将其作为教学目标的重要部分；其次，教师应设置明确、具体、适度的教学目标引导学生进行自主学习，并促进学生对教学目标的认同。

（2）设置适当的学习任务

在自主学习中，学生对学习的需要主要源于已有的知识经验不足以解决面临的现实问题。为了解决面临的问题，学生的学习积极性将被激发出来，形成学习的内部动机，这是一种积极、持久、力量强大的动机。在这种动机的激发下，学生的自主学习行为才可以维持下去，也才可以根据自己的情况和外界变化对学习进行监督和调节。学生对知识的兴趣越强，学习的主动性、自觉性也就越强。因此，教师在组织学生自主学习时，应尽可能与学生民主协商学习任务，应给学生一定的选择空间，以提高学生的学习兴趣，激发学生学习的内部动机。

2. 创设课堂环境

（1）合理安排有助于学生自主学习的座位

课堂物质环境包括温度、光照、座位安排以及学生自主学习所需学习材料、学习设备等。其中，座位的安排对学生的自主学习影响较大，这是因为座位的摆放方式会影响师生之间、同学之间的信息交流、学习互助，并关系到学生的自主学习是否有一个安静的学习环境。教师对学生的座位安排主要有半圆式、分组式、剧院式、矩形式四种方式。四种方式各有其优势，教师可根据学生的特点、教学的方式和班级纪律情况综合考虑决定采用何种座位安排。一般而言，分组式和矩形式更有利于学生的自主学习，自主学习需要同伴之间的合作互动。但是如果课堂纪律较差，采用半圆式或剧场式对学生的自主学习更为有利，因为这两种座位安排方式能够更好地避免学生的学习受到干扰。

（2）营造良好的课堂心理氛围

教师是否善于在上课时创设良好的心理氛围，起着重大的作用。有了这种良好的气氛，学生的学习活动就可以进行得富有成效，可以发挥他们的最高水平。现代心理学理论和教育理论也证明，学生如果在压抑、被动的氛围中学习，学习的主动性和积极性极易被抑制，其学习效率也较低。因此，教师应努力营造和谐的课堂心理氛围。

（三）中学语文教学中自主学习的运用

1. 提升学生自主学习能力

（1）自主学习主要有预习、复习、使用各种工具书等

预习有三个方面：课前翻阅课本、预做教材上的思考题、查找相关资料。复习的习惯有助于整理归纳所学知识，形成知识结构。

（2）指导自主学习的学习方法

①锻炼阅读能力。自主学习就是要学会学习，阅读是基础，通过阅读获取的信息为思维加工提供必备材料。会阅读是指在感知文字或图像的信息后，能通过自身的一系列思维活动从中提取、处理所需要的信息资料。②锻炼思维能力。思维能力是自主学习语文的核心能力，决定学习能力。教师要有意识地引导学生在阅读过程中进行独立思考、分析与判断、演绎与归纳、发散与收敛等思维活动，形成思维能力，完善思维品质。③学会检索，自主解决问题。思维能力是自主学习语文的一个重要手段。在信息时代，学生一定要学会资料检索。教师要有计划地拟定研究课题，使学生通过查找各种资料，具备检索、筛选、整理、分析和判断等能力，学会自主解决学习问题。

（3）提升自主学习语文的能力

学生根据自身的情况制订学习计划。其中，自定学习资源是学生根据自身的学习需求选择、开发和利用学习资料。自选学习方法和手段是学生根据自身的学习效率选择学习方法和手段。自选学习方法和手段能让每个学生的特性得到发挥，学习能力得到提升。自控学习过程是指学生在自主学习过程中，当产生学习的失败感、焦虑感等多种不良情绪时，需要教师帮助学生形成正确客观的自我认识、评价、监控和管理能力。学生科学合理地调控自身的情绪和心态是自主学习的有力保障。

2. 构建自主学习教学模式

构建自主学习教学模式，具体的方式如图 2-1 所示。

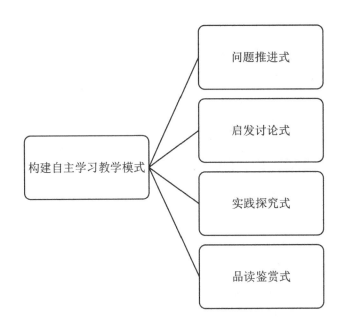

图 2-1　构建自主学习教学模式的方式

（1）问题推进式

语文课堂教学是在提出问题、解决问题的过程中推进的。问题推进式的教学结构，"设置学习情境→提出问题→解决问题→归纳总结"。

（2）启发讨论式

启发讨论式是以学生在自主学习的基础上相互研讨为主的教学模式，为学生创造一种发挥各自才能和多向交流的条件。启发讨论式的教学结构是：布置课题、提出要求→学生自学、检索阅读→小组讨论、组间交流→教师评价、课题总结。

（3）实践探究式

语文学科的实践探究式和在教学中把文化价值、作品主题、人物形象特征和艺术手法等设计成问题，让学生充分实施实践、分析、探究活动，这种教学模式的实质是"实践→认识→再实践→再认识"，强调理论和实践相结合，为激发兴趣、培养学生的辩证思维提供了机会。

（4）品读鉴赏式

语文中许多作品都是文质兼美、意蕴丰富的文化资源，必须通过品读欣赏才能细细品味其中写作手法的巧妙、情节线索的惊心动魄、人物形象的丰满魅力、语言描绘的精妙绝伦等。

综上所述，中学语文教师在教学中要善于为每个学生提供成功的机会，使其感受成功的快乐，增强继续学习的欲望。语文教师还应重视并善于利用同伴评价的作用。语文教师给学生提供更多互相交流、共同切磋的机会，可使学生更多地体验互相帮助、共同分享的快乐，并能从同伴的评价中验证和修正心目中的自我，使学生对自我的认识和评价更为真实、准确、客观、全面，这将为后续的自主学习奠定坚实的基础。

二、中学语文教学中的合作学习

合作学习有五种不同的含义：第一，合作学习是将三至五名学生分为一组展开学习；第二，合作学习将学生间的互助协作看作动力支撑；第三，合作学习是以明确目的为指引进行学习活动；第四，合作学习将整个小组的成绩作为奖罚的参照；第五，合作学习中的学生不仅有各自的分工，而且还要互助协作，更看重团队的意义。与其他学习方式比较，合作学习的特征明显，其价值亦有其独到之处。合作学习可以界定为：是以合作学习小组为基本形式，系统利用教学中动态因素之间的互动，促进学生的学习，以总体成绩为评价标准，共同达成教学目标的教学活动。

（一）中学语文教学中合作学习的原则

合作学习的课堂管理应运用恰当的教育教学手段，调动学生的主观能动性，优化课堂教学结构，提高课堂教学效益，全面提高学生的综合素质。具体而言，应遵循如下原则（图2-2）：

1. 主体性的原则

主体性原则指的是在小组的合作过程中要尊重学生学习的主体性、能动性以及学习自主性、学习创造性，要让学生在小组学习中积极地、主动地发表自己的意见。教师需要注意的是，教学活动当中的学生不只是被管理对象，与此同时，他们还是管理的主体，教师应该充分激发学生的能动性，让他们自主管理小组、管理教学活动，让他们自主解决遇到的问题。

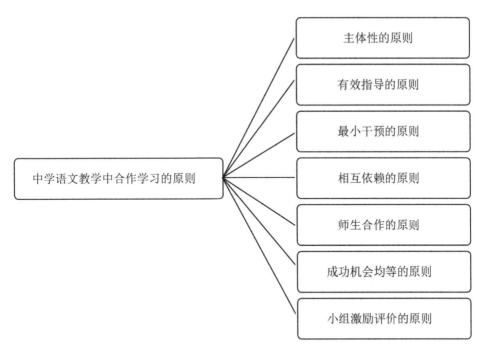

图 2-2 中学语文教学中合作学习的原则

主体性原则的应用主要涉及两方面的内容：首先，学生的主体性必须得到充分的尊重，学生必须在课堂活动中发挥自己的作用，课堂活动也必须把学生看作主体，学生应该拥有独立的人格、独立的决策；其次，教师应该为学生主体性的体现创造条件，引导学生形成自己的主体性人格，也就是学生主观上愿意进行自主性的选择，打破外在因素的限制，这个过程是从自发到自觉的转变，让学生自觉地参与课堂活动、课堂管理，充分发挥主体性，在这样的情况下学生的求知欲必然增强，学生会把知识的学习和了解当作一种探索，获得学习的乐趣，逐渐进入学会和会学的境界，与此同时，学生的合作意识、合作技能也得到提高，合作学习的模式也能够持续发展下去。

2. 有效指导的原则

合作学习模式需要教师把学习的主动权重新交到学生手中，让学生有自主构建学习时间和学习空间的权利，让学生的思维有更多发展的机会，让学生能够进行自主学习。将学习主动权归还给学生并不是要削弱教师的作用，相反，教师的指导作用得到了增强，教师必须发挥出自己作为课堂组织者、引导者的作用，要掌握教学的各个环节，教师和学生之间更像是合作的关系，教师不可以过度干预学生对学习问题的思考，但又不可以对学生遇到的困难置之不理。

3. 最小干预的原则

最小干预原则即当正常课堂行为受到干预时，应该采用最简单的最小值的干预纠正违规行为。如果最小值的干预没有发挥作用，可逐步增加干预值，主要目的是既要有效地处理违规行为，又要避免对教学产生不必要的干扰。干预的结果应该是尽可能使教与学的活动继续进行，使违规行为得到较好的控制。

如果让那些出现了行为问题的学生成为教室里的焦点，他们反而会获得成就感。有经验的中学教师都会以不太引人注意的方式来处理学生的行为问题。比如，他们会在自己的讲课中把学生的名字带进去，被叫到名字的学生自然会得到提醒，而其他学生则可能不会觉察出问题。

4. 相互依赖的原则

第一，目标上的相互依赖。小组学习的目标是相同的，教师会分配给小组一个或者多个学习目标，学习目标的完成需要小组内部成员的共同努力，这样的学习模式会让小组内学生的学习动机明显增强。之所以会产生这样的效果，是因为个人不代表自己，代表的是小组集体的荣誉，会促进学生动机的增强，让学生想要完成教学任务，会让学生尽最大努力地完成小组的共同任务。

第二，资料上的相互依赖。中学语文教师应该分发给小组成员不同的语文资料，小组中的每个成员都不应该拥有所有的资料，这是为了让学生之间加强分享、交流，只有通过交流才能获取所有的资料，才能完成任务。

第三，角色上的相互依赖。小组内成员在分担角色时应该让每个人承担不同的角色，角色的分配可以由教师指定，也可以由小组成员自行决定，角色之间要有联系、有互补。因为承担某一角色的小组成员必须承担角色的责任，每个人都有自身角色的任务，所以保证了每一个学生参与交流和活动的机会，避免在课堂活动中有人被遗忘。合作学习直接或间接地提高了学生的责任感、归属感以及自尊感，激发了学生为集体服务的动力，而且小组学习的形式有效地降低了学习焦虑，学生更愿意表达自我，更愿意尝试，更愿意创新，有利于学生创造力的提高。

第四，奖励上的相互依赖。如果每个小组成员或大多数成员都表现优异，那么整个小组都会获得活动奖励，也就是合作小组成员成绩是共享的。

5. 师生合作的原则

师生合作指的是在课堂学习过程中，学生和教师对彼此的依赖，两个课堂主体是相互促进、共同发展的关系，师生合作的特征是通过合作谋求共同发展，师生合作的中心是教师和学生之间的交流互动。教师和学生要承担起自己在合作中的责任，形成合力。课堂是非常活跃的整体，在课堂中的每一个人都要担负起自己的责任，不能将自己置身于课堂之外。语文教师是课堂的管理者，不仅要维持课堂的秩序、安排任务，还要推进教学进度；学生是课堂真正的主人，既要管理课堂，也要管理好自己。两个主体对课堂的责任存在关联，没有一个主体是独立的，在主体之间建立合作关系能够让课堂更加完善。

例如，学生对课堂的管理有助于学生提高自我管理水平，也有助于教师提高自己的管理能力，与此同时，还能够提高教师和学生自身的责任意识，而且教师对学生管理的指导能够让学生更加积极地参与到管理当中。师生间的合作意味着在课堂中彼此地位的平等、彼此权利的平等，也意味着彼此都要承担课堂的责任，要遵守课堂规范，而且要不断地交流沟通，促进彼此的合作。

6. 成功机会均等的原则

成功机会均等指的是在小组学习中，学生通过自身成绩的提高对小组成绩提高作出贡献，这样的学习模式参考的是学生以往的成绩，属于标准参照性，和传统的常规参照性不同，这种模式的优点是优等生、中等生、差等生都能发挥自己的作用，因为小组重视的是每位成员的贡献，这有利于所有学生的共同发展。

现代教育注重的是每一位学生的成长，强调学生应该享有平等的学习权利、成长权利。异质小组的合作学习尊重不同学生的差异，这对于学习困难的学生有非常大的帮助。需要注意，在建设这样的学习小组时，教师要做好优等生和学困生之间的搭配，要发挥优等生的学习带动作用，帮助学困生学习，激发学困生学习的动力，并且传授学困生学习的方法。此外，教师还应该在合作之初设置好基础分数，并且在未来的学习中以学习提高分来评价学生，这将会很大程度地激发学困生的学习动力，让他们获得学习成就感，从而较好地保护学生的学习兴趣。

7. 小组激励评价的原则

全新的评价理念强调的是学生学习主体地位的体现，评价可以让学生正确认识自己，有针对性地在某些方面提高自己。此外，评价理念还强调进行形成性评价，这种评价方式能够增强学生的成就感和自信心，还能够培养学生团结合作的精神。合作学习不会过于关注学生个人的成绩，而会将团体的成绩作为学生是否获得奖励的依据，对学生进行的相关评价、相关奖励会以小组总体成绩为标准，合作学习模式的存在使得学生个人之间的竞争变成了合作小组的竞争，小组之间激烈的竞争会反过来促进小组内部成员的合作，能够让小组中的每个人都各尽其能，最大限度地激发个人的潜力。而且相比学生个人的努力和奋斗，小组形式的努力能够让学生体验到更多的乐趣，有助于培养学生的合作精神，提高学生对合作的积极性。

（二）中学语文教学中合作学习的构建

1. 合作学习的组织构建

合作学习教学策略的组织构建是语文教师将学生按照一定的层次进行分组，让学生共同应对并完成学习活动，同时把整个小组的成绩作为奖罚的参照的行为，主要有合作学习小组的建构、合作学习策略的建构以及合作学习评价的建构等方面。

（1）合作学习小组的建构

合作学习小组要坚持组间同质和组间异质的建构原则。组间同质指的是分在同一小组的学生，语文学科的学习大体是同一水平的，差别不算大；组间异质指的是分在同一小组的学生，语文的学习层次有着鲜明的差别，分为高、中、低三个级别。

（2）合作学习策略的建构

合作学习策略的科学建构主要体现在以下方面（图2-3）：

第一，思维发散的技能。在合作学习过程中，学生之间之所以必然会发生思维的碰撞，是因为不同学生对同一问题的理解程度、思维方式是不一样的，另外，他们掌握的语文知识的程度也是不一样的。正是思维的碰撞才更有利于学生之间的合作学习，有利于语文水平的提升和学生人文素质的加强。

第二，倾听和概括的技能。倾听和概括是大脑快速对他人的思想观点进行分析和加工的一个思维过程。倾听和概括技能要求做到凝神静听，快速思考，抓住重点，高度概括。良好的倾听和概括技能可以使合作伙伴受到尊重，从而促使学习氛围浓厚、合作积极主动。

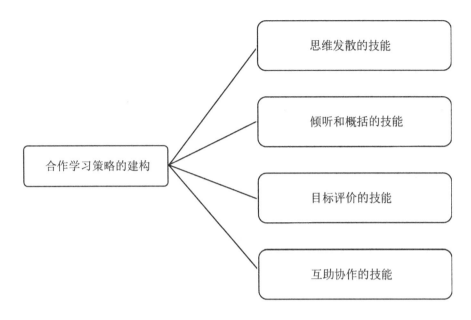

图 2-3　合作学习策略的建构

第三，目标评价的技能。目标评价技能是指每个小组成员在评价自身和他人合作学习行为时，把目标的实际达成作为评价的原则，这一技能的建构有助于学生合作学习的目标精准化，同时可以提升团队的整体实力。

第四，互助协作的技能。互助协作技能指的是每一小组的学生都要将合作精神、团队精神、服务精神放在首位，也要有互助意识和大局意识。只有掌握团队互助协作的技能，学生才能有效完成学习任务。

（3）合作学习评价的建构

语文合作学习的评价方式主要包括以下方面（图 2-4）：

第一，教师评价。教师评价主要是对学生在合作学习过程中体现的语文学习策略、语文知识掌握层级、语文思想情感等的整体性评价。

第二，小组综合评价。小组综合评价是以学生在合作学习过程中体现的团队意识、竞争意识和大局意识为重点进行的评价。

第三，学生自评和互评相结合。学生的自评和互评指的是在语文合作学习小组的学习过程中，学生对自身掌握的语文知识、语文水平、合作学习方式以及情感行为等进行自我点评，还有学生之间进行的互评。学生的自我评价和互相评价改变了以往学生只能接受评价的地位，有利于提高学生语文学习的积极性和兴趣。

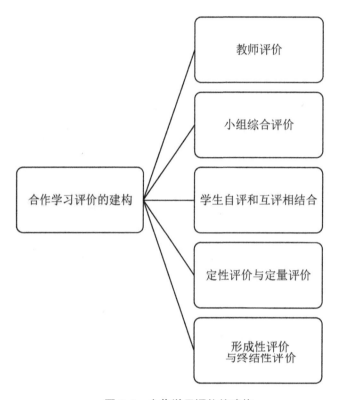

图 2-4 合作学习评价的建构

第四，定性评价与定量评价。语文的人文学科特点主要由定性评价来彰显，而语文的工具性特点主要由定量评价来反映。

第五，形成性评价与终结性评价。形成性评价指的是对语文学习小组在学习过程中所表现的学习态度、学习动机、学习策略、学习成绩等方面的评价，主要是对合作学习小组的学习过程的全方位观察记录并总结反省。终结性评价指的是对学习小组取得的成绩实行的最终评价。其根源就是要激发学生学习语文的兴趣，掌握基本的语文学科素养，将中华优秀传统文化传承并发展下去，从而增强民族自尊心和自豪感。

总而言之，语文教师一定要组织学生进行合作小组学习，它有助于学生更有效地提升语文学科素养。

2. 合作学习的模式构建

（1）平行合作式

小组成员根据学习目标进行分工，然后每个成员完成自身所分配的学习任务，接着大家交流概括，得出结论。平行合作式模式的实质是：拆分目标→分头完成→汇报交流→概括总结。这是一种平行分工合作学习的模式，是把学习目标拆分再合并的过程，这种模式的优点在于可以使学生对学习内容进行全方位、立体化的解读、欣赏和评价。

（2）接力合作式

合作小组把学习目标按照逻辑顺序排列，完成属于自身的那部分学习任务。接力合作式模式的实质：排列目标→实现目标→合作交流→得出结论。这种合作方式的优点包括：一是训练学生的逻辑思维能力，学会循序渐进、层层深入的学习方法；二是充分发挥学生的长处；三是激励学生的责任感和进取心。

（三）中学语文教学中合作学习的技巧

中学语文教学中合作学习的技巧如图2-5所示。

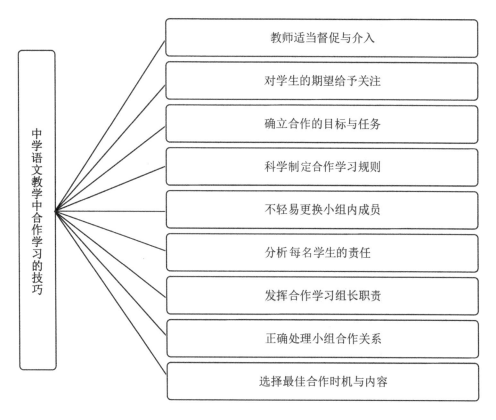

图 2-5　中学语文教学中合作学习的技巧

1. 教师适当的督促与介入

中学语文教师应该介入合作学习的全过程，并且要监督学生的合作学习。中学语文教师对合作的介入和管理包含非常多的内容，例如，他要默默观察学生解决问题的过程，如果学生遇到难题可以暂停活动，给学生作出一定的指导和示范；对于表现好的小组要给予表扬引导，其他学生会主动效仿良好行为。教师的介入是为了让学生掌握正确的合作技巧，在学生遇到难题时提供帮助，通常情况下，如果出现了以下问题，则教师要参与到学习活动中。

如果同学不了解任务，教师一定要介入，对任务进行解释。

教师要时刻观察学生的任务完成过程，如果小组顺利地完成活动任务，那么教师要及时地给出表扬和奖励。教师也可以在结束之后介入小组讨论，并保证每一位成员都参与小组讨论。如果小组完成任务的进度缓慢，教师则不要急于介入小组讨论中，可以先观察一段时间。如果遇到的难题实在无法解决，教师再进入小组指出问题，给出问题解决的思路。需要注意的是，教师不要直接给出答案，而是要引导学生寻找答案。

教师要维持讨论的纪律，如果某一个小组的声音过大，那么教师要对小组的这一行为及时制止。教师也可以让小组成员位置更加靠近一些，这能够有效地降低他们讨论的声音。

在合作小组开始讨论之前，需要告知学生合作需要的技能，还要训练他们的合作技能。但是在合作开始之后，还是会有同学无法真正地使用合作技能，这个时候中学语文教师需要参与到合作中，帮助学生更好地掌握学习方法，更有效地使用学习技能。如果教师发现小组讨论的内容和主题相互脱离，那么教师应该及时制止并且为小组的讨论指明方向；如果合作学习已经进行了一段时间，那么教师可以询问某一小组的具体进度，了解学习任务的完成情况；如果有小组完成了学习任务，那么教师应该检查任务是否真正完成，如果确实完成了学习任务，那么教师可以让小组成员自由活动，也可以让小组成员自由选择帮助其他的小组完成任务。

2. 对学生的期望给予关注

中学语文教师应该对他期望的课堂行为给予特别的关注，教师的特别关注会引发学生的效仿。例如，部分教师会在课堂中提醒不认真听课的学生，有的时候会点名批评不认真听课的学生，但是教师严厉批评的结果可能是其他学生争相模仿说话学生的行为，这是因为他们想引起教师的注意，教师的批评反而引起了和预期目的相反的效果。在同学比较多的合作课堂中，教师应该引导学生，让他们清楚地了解教师期待哪些课堂行为、哪些课堂行为是有价值的，例如，教师应该告诉学生认真倾听别人的表达，按照顺序发言，不要打断其他同学的发言。此外，教师还应该对符合他期望的小组给予表扬，又如，如果教师希望讨论的声音小一点，那么教师可以对讨论声音大的小组不给予关注，对讨论声音小的小组给予表扬和关注。与此同时，教师要给出表扬的原因，这能够在很大程度上引发别的小组的效仿，进而实现教师想让讨论声音小一点的目的。

3. 确立合作的目标与任务

合作学习有共同的目标，在共同学习的过程中，教学目标要有一定的情感功能，要追求知识学习、技能学习、情感交流的均衡。学习小组的目标应该由教师制定，在制定好目标后，每一个小组成员都要遵守。合作小组中的成员在完成个人目标后，还要帮助小组内其他同学完成目标，只有这样才能完成他们共同的小组任务。

4. 科学制定合作学习规则

合作学习规则能够约束和规范合作小组的学习过程，能够让课堂教学更加规范，也能够让学习效率得到有效的提高。一般而言，学习规则主要涉及五项内容：一是自我管理，始终在自己的座位上，控制好自己的音量，不打断别人；二是听人发言，在别人说话时不插话，记住别人的说话要点，给出合适的评价；三是自己发言，发言内容要包括自己的独立思考，要条理清晰、表达清楚；四是互帮互助，既要帮助同学，也要虚心向同学请教；五是说服别人，要保持自己的态度，对别人的看法提出质疑，但是态度要诚恳，要用道理让别人认同。

5. 不轻易更换小组内成员

合作学习过程中小组的创造力并不取决于个别的小组成员，而是取决于小组成员之间的交流方式、互动方式。一般在合作初期都会出现合作不顺利、不友好的情况，也会有个别成员希望调换合作小组。教师对个别成员的这种要求处理一定要慎重，不要随意更换小组成员，出现问题最好的方式是解决问题。教师应该合理安排小组成员的组成，如对于独来独往的同学，教师可以将它安排在人缘比较好、乐于助人并且非常受欢迎的同学身边，这样能够有效地保证学生不被孤立、不被遗忘，能够保证他们进行充分的交流学习。

6. 分析每名学生的责任

小组学习过程中会有能力强的学生特别愿意完成任务，为了避免能力强的学生代替其他同学完成任务，教师可以将学习责任分配到具体个人。

（1）责任承担

小组在有了共同的目标之后，应该将目标分成不同的小目标，每一个人都要承担一个小目标，最终小组目标完成的程度取决于每一个同学完成小目标的质量。

（2）随机提问

指的是从小组成员当中挑选一个随机提问，并且对他的回答作出评价，他的评价代表小组活动的整体评价，因为提问是随机的，所以每个人都有可能向教师展示活动成果，这就使得每位成员都积极地参与活动，否则会影响小组荣誉，这种集体荣誉感造成的压力能够让每位成员都认真参与活动。

（3）个别测试

在集体讨论的时候，成员之间是可以交流的，可以互相帮助，但是当教师检查学习成果时，学生必须独立完成，并且把学生的个人表现作为小组的成绩，这种测试方式能够让学生失去小组的保护，让他无法逃避学习的责任，而且如果学生积极学习、积极参与，就能获得较好的成绩，能为小组赢得荣誉，这有利于学生积极性的提升。

7. 发挥合作学习组长职责

分好小组之后，教师应该选出小组长。小组长的任务是维持小组纪律，分配任务，安排和组织集体讨论，做好任务总结等。在最开始展开合作时，小组组长应该选择人缘好的、有能力的、在学生当中有威信的同学，与此同时，教师也应该对小组组长展开培训，给予他们一定的管理权，但是也要避免他们利用权力垄断小组任务，要监督他们，让他们正确使用权利。

8. 正确处理小组合作关系

（1）正确处理个人学习和合作学习的关系

小组合作学习的目的是把小组中的不同思想进行优化整合，把个人独立思考的成果转化为全组共有的成果，用群体智慧来探究问题、解决问题。因此，有效合作学习的前提就是个人学习，合作学习应该建立在个人学习的基础上。

学生对学习内容有了较为全面的把握后，上课时有备而来，带着问题、带着思考、带着求知的兴趣进入课堂，才有可能在与他人合作时有话可说，有感而发，才能避免以个别学生的思维代替其他学生的思维。而且每一个学生领悟和探究的视角又各不相同，更易于激发在相互交流时思想的碰撞和思路的拓宽，提升合作学习的效果。当然，也便于教师及时了解学生的疑点、难点，更有针对性地组织教学，促进学生更高层次思维的发展。

（2）正确处理竞争与合作的关系

竞争与合作是对立统一的关系。两者既相互区别，又紧密联系，都是最基本的社会互动形式，永远不能孤立地存在。与合作相比较，在没有引导的情况下，人们更倾向于选择竞争的行为方式。在小组内部和小组之间引入竞争的机制。在小组内部提倡竞争，可以充分激发学生的潜力，使学生能够积极参与小组合作学习。值得注意的是，小组内部的良性竞争并不会影响小组成员之间的合作，它们都是基于小组合作学习共同目标的实现，竞争只是在小组内部形成一种比赛的氛围，目的是提高小组合作效率。而在小组之间引入竞争机制，则有利于促进学生的小组意识，形成集体荣誉感，小组成员彼此之间相互帮助、共同抵抗外界的压力。

（3）正确处理教师和学生的关系

在合作学习过程中，始终坚持一个原则——学生是合作学习的主体。因此，合作学习更加注重学生的心理需要，把教学的重点放在学生的"学"上。就表面而言，教师失去了传统教学中所拥有的"权力"或"权威"，但事实并非如此。教师的作用更加重要，责任更加重大。教师要进行讲授，要引起学生学习的兴趣和动机，要促使每一个学生获得最大程度的发展，还要善于协调各小组的活动，对学生和小组进行认可或奖励，促使学生主动掌握知识、发展能力。

9. 选择最佳合作时机与内容

（1）选择最佳合作时机

要根据教学实际需要，把握合作学习的时机，尤其是在教学任务较多或需要突破重点、难点的时候，在学生意见产生较大分歧或思维受阻时，都可以组织合作学习。选择最佳合作时机不仅可以调动集体的智慧，让每个同学都能参与，掌握相关知识和技能，还能让每个学生感受到个人和集体的力量，认识到合作是必需的，充分体会到合作的优势，感受到合作的意义，享受到合作成功的愉悦。

（2）选择最佳合作内容

学习的内容要适合学生交流思想，任务应当具有一定的难度，具有合作学习的价值。学生通过自主学习无法完成或无法较好地完成的内容，可让学生通过合作学习来完成或者更好地完成。

第二节　中学语文教学中的情境式学习方法

一、中学语文教学中情境式学习的意义

情境教学法[①]是教学过程中，教师有目的地营造具体情境，以引发学生的情感经验、提高学生对教材的理解和掌握能力的教学方法。中学语文教学实践活动中积极导入情境教学法是语文教学实践贯彻落实立德树人、以人为本教学理念的重要表现，不仅可以提高学生的学习效率，而且可以提升学生的道德素养，其应用的重要性体现在以下方面：

第一，优化学生价值观，强化学生的审美鉴赏能力。情境教学法为学生学习不同的语文知识内容营造了特定的情境，在一定程度上培养了学生从不同角度看待和分析问题的能力，进而引导学生树立正确的价值观，使学生的审美鉴赏能力和综合素养在潜移默化的过程中得到全面提升。

第二，强化学生的思维能力和理解能力。与传统语文的教学模式不同，情境教学法在中学语文教学实践中的科学应用，以情境营造的形式对学生分析语文内容发挥引导性作用，同时以学生在特定情境中的思维活动为基础推动学生深入思考语文知识点，与此同时，主动探究学习过程中遇到的诸多问题的解决方法。对于学生而言，这种方式既能活跃学生思维，又能提高学生的思考能力、分析能力和解决问题的能力，从而使学生具备了一定的语文学习阅读能力和理解能力。

第三，陶冶学生情操，提升学生的思想境界。情境教学法的本质是对沉浸式教学环境的重构，通过这种环境重构，使学生接受传统教学环境中所感

---

① 情境教学法是指在教学过程中，教师有目的地引入或创设具有一定情绪色彩的、以形象为主体的生动具体的场景，以引起学生一定的态度体验，从而帮助学生理解教材，并使学生的心理机能得到发展的教学方法。

受不到的文学感染和情操陶冶，其内在的先进文化可以使学生的心灵得到净化，使学生的思想境界在不断学习探索中得到提升，情感境界得到升华。

第四，锻炼学生的创造思维，提高学生适应社会生活的能力。学校教育的最终目的是让学生具备适应社会生活的能力，而情境教学方法融入中学语文教学实践活动，可以为学生营造一种假设的社会环境，从而使学生积极发挥创造性思维，有效锻炼学生适应社会的能力。

二、中学语文教学中情境式学习的策略

第一，创设生活化场景。一般而言，在生活化的课堂之中，"教师要善于挖掘生活素材，将学科知识与生活知识做有效的对接"①。生活化场景是学生所熟悉的生活常态，在中学语文教学实践活动中创造生活化的场景，可以给学生一种心理暗示，即语文课堂不再是教室，而是社会或大自然，学生需要悉心观察生活细节和生活现象，而在教师生活化语言描述以及生活元素等的辅助下，学生对生动形象生活情境的感知也会随之更立体、更具象，其直接性影响就是拓宽了学生眼界。

第二，音乐渲染情境，激活审美体验。提高学生的审美鉴赏能力是学校教学的核心素养要求之一，对于中学语言教学实践活动而言，学生的审美鉴赏能力主要体现在学生分析和理解文本内容的能力，以及以文本理解为基础发现美、感受美、创造美的能力等，其重点在于以有效的教学指导为媒介，强化学生的文化理解能力和语言表达能力。因此，情境创设教学方法应用到中学语文教学，要求教师要认真思考，针对不同的教学内容导入不同的音乐渲染情境，使音乐旋律、音乐节奏与文本内容实现完美的融合，进而在学生脑海中塑造更立体和鲜活的形象，只有这样，才能加深学生对故事情节、人物性格特征、情感走向等的理解，才能给予学生良好的审美体验，高效化培养学生的审美能力。

---

① 张虎. 初中语文生活化课堂的打造 [J]. 语文教学与研究，2017（32）：81.

第三节　中学语文教学中的探究性学习方法

探究性学习是指在语文学习中，"学生在教师的指导下，通过自主探究式的学习研究活动，在摄取自己已有知识或经验的基础上，经过同化、组合或探究，获得新的知识能力和态度的学习活动。探究性学习是提高学生语文素质的主要方式"[①]。

一、中学语文教学中探究性学习方法的原则

（一）主体性原则

探究性学习的主体性原则是指教育的根本目的在于培养、发展和弘扬学生的主体性，而教育的过程从本质上来讲，也就是在特定的教育手段和教育方法辅助下，实现人类优秀学科专业知识和经验向受教育者个人思想道德、才能智慧的转换，社会精神财富向学生主体性素质的内化过程。因此，无论从目的来看，还是从过程来看，主体性教育理论都十分注重发挥人的主体性。从实践操作层面而言，学生作为任何学科教学活动的主体，其积极参与和自主活动的程度都与教育活动的开展直接相关；对教育者而言，其教育任务也不仅仅停留在知识的讲解与传授上，进一步来讲，应该是对学生能动性、自主性和创造性的充分调动，以及对学生探究态度和探究能力的培养与发展。

探究活动是一个综合性的活动过程，具有多侧面、多途径、多方法的基本属性，活动的完成需要经历观察思考、提出问题、探究方案设计、检验假设、提出答案和解释、预测，以及与同学就探究结果进行交流和讨论，而这个过程必须在学生的主动参与下才可以高效、优质地完成。与此同时，通过探究活动，学生也完成了对认识冲突的解决任务，这都离不开学生的坚持观察、思考和实验探究等。所以，探究学习更凸显学生学习的自主性，即自主选择学习内容、学习方法，自主制订和实施学习计划，以及对学习结果的自

---

① 常福胜. 中学语文探究性学习研究 [J]. 文学教育（下），2013（11）：38.

主评价，而这种基于信任的自主探究必定可以推动学生探究能力的提升。对探究学习进行课堂管理，对教师也提出了更深层次的要求，即中学语文教师为学生搭建自主探索、自主创造的平台，激发学生的积极性来应对问题情境或探究，使学生充分发挥主体性。

（二）情境性原则

为激发学生的探究兴趣，中学语文教师应注意了解学生关注和感兴趣的问题，然后将那些真正来自学生和属于学生、联系学生生活和社会实际的问题纳入课堂。在课堂管理过程中，教师应通过创设问题情境、真实的生活情境、实验探究情境等多种情境，引起学生思考的冲动，加强学生对知识的重组和改造，保证学生对知识的意义建构，提高学生发现和解决问题的能力。这样就将学生带入了一个问题情境，激起了学生的探究热情。

（三）差异性原则

差异性原则要求教师对不同学生的个体差异化要有清晰的认识，要能够在教学过程中尊重学生的独立人格，促进学生个性发展，要针对不同学生的差异化学习需求提供差异化的教学服务，以培养学生的学习兴趣，激发学生的学习积极性和能动性，引导学生保持科学的学习态度。

在学生的差异化影响下，学生对学习探究活动也会有不同的体验，进而形成带有主观色彩的评价和结论。基于此，教师要在中学语文课堂管理过程中，以学生学习兴趣保护和因材施教教学方式的引导，使学生的个人特长得以在不同的活动中得到发挥。因此，探究学习中最重要的一个原则就是要从实际出发，承认和尊重差异性，为学生创造性地发展提供自由的环境和条件。

二、中学语文教学中探究性学习方法的管理

（一）中学语文教学探究性学习的教学设计

成功的课堂教学与成功的课堂设计是密不可分的。探究学习的课堂设计应从以下方面着手：

第一，制定探究目标。探究目标是探究活动主体在探究活动预期要达成的最终效果，是进行中学语文教学设计的出发点和落脚点，因此具有预先性和目的性的双重属性。而在探究活动中，确保探究目标的合理性和适

当性是探究方案设计的重中之重。通常而言，探究活动对学生的知识技能、思维情感、行动方式所产生的影响，并最终呈现出来的变化就是探究目标的达成情况。

第二，创设问题情境。中学语文探究学习实质上是问题解决的学习，问题是整个学习过程的核心和关键。因此，创设与探究主题有关的问题情境，在教学内容和学生求知心理之间设障立疑，引起学生对知识、对科学、对人生的兴趣，激发学生的探求欲望是探究学习首要和关键的一个环节。在探究学习中可通过四个途径创设问题情境：①通过学科之间的横向联系创设问题情境；②通过日常概念和科学概念的矛盾冲突引发问题情境；③利用多媒体创设问题情境；④通过精心策划的课堂讨论创设问题情境。

第三，设计探究方案。探究方案作为指导探究学习的指南是决定探究学习成败的关键。因此，教学方案的设计既要遵循科学探究的基本过程，又要根据实际情况的需要。具体而言，可利用实验、科学史，结合生活实际、调查访问、查阅文献资料等形式来设计探究方案。

（二）中学语文教学探究性学习的内容选择

探究学习的课堂内容即探究内容，是探究学习目标的载体，是选择学习材料、安排教学环境和教学条件的依据。虽然探究学习具有接受学习所没有的优点，但是并非所有的内容都适合探究。因此，中学语文教学探究内容的选择就显得尤为重要。选择探究内容应以探究目标、学生学习的准备情况和学习特征为依据，不仅要注意科学性，而且要注意个性化和社会化，即要与个人和社会的生活紧密结合。因此，探究内容除中学语文教科书上现有的探究内容外，还应选择一些社会生活问题以及学生自身发现的问题。例如，社会生活问题、学生自身发现的问题等。

（三）中学语文教学探究性学习的过程管理

第一，课堂纪律的保持。一个班级有几十名学生，既要学生自主探究，又要保持课堂良好的秩序，管理任务自然是繁重的。如果教师一人承担管理任务，教师的大部分精力就会耗费在一些纪律问题方面，就不会有充足的时间帮助学生探究问题，也就无法保证语文教学任务按时完成。把教师从繁重的管理任务中解脱出来的一个有效途径就是适当下放管理权，动员全班学生都参与纪律管理,师生共同制定一些管理条例,明确每一个学生的义务与职责,同学间互相管理,人人自我管理。

第二,教学组织形式的安排。探究学习常常是合作式的活动,学生之间大多数以小组为单位进行探究学习活动。但在分组情况下,也会出现积极参加者、消极被动者甚至偷懒者。为使每位学生都有充分参与的机会,应控制小组的规模,小组的规模取决于学生的年龄、探究的条件及性质,在教学阶段一般以 3 ~ 4 人为宜。另外,有些情况是可采用全班和个人单独活动形式的,如当学习对象或任务比较简单,个人经过努力后能独立完成的,就应个人单独进行;在活动最后总结经验时,就要采用全班讨论的形式。因此,教师要根据学习任务的性质以及学习进程设计教学组织形式。

第三,探究时间的安排。教师在设计探究学习时,要对具体的探究过程做到心中有数,做到能够比较精确地预估每一步骤所需的时间,把握好整体时间的分配,使整个探究活动的节奏加快,转换自然,避免无谓的时间遗失。

第四节　中学语文教学中的学生思维能力培养方法

中学语文的学生思维能力培养方法需要注意以下方面（图 2-6）:

第一,进行情境式教学。教师根据教学的内容,联系生活实际,在教学过程中为学生创设一个合适的学习语境,学生通过深入教学语境体验学习,能够更加快速清晰地了解教学内容,更加迅速地跟上教师的教学节奏,顺利地完成教师布置的课堂作业。

第二,创建提问式课堂。提问是激发学生学习积极性的重要方法,教师在课堂上的提问是为课堂教学顺利进行服务的。所以,提问的内容要以教学主体为中心点,使得学生能够在解答问题之后更进一步地了解到所学文章的内容。

第三,利用多媒体技术。多媒体技术的应用能够有效促进语文教学的顺利进行,教师可以利用多媒体技术向学生展示要学习的内容,例如,中学语文教师可以利用多媒体,给学生播放与所学课文相关的视频或者照片,让学生通过这样的直接观察,加深记忆。多媒体技术的应用能够帮助师生在课堂上进行良性互动，让学生在有限的课堂空间中，接触到更广泛、更有深度的知识，可以让学生以小见大，在学习知识的同时，提升学习思维能力。

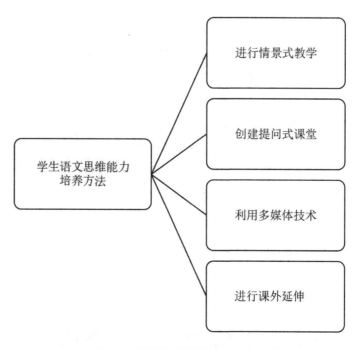

图 2-6　学生语文思维能力培养方法

第四，进行课外延伸。语文学习能力的提升和日常的学习积累是分不开的。无论是写作还是答题，课外的知识拓展都有很大的作用。教师在日常的教学实践中，也要督促学生进行课外阅读拓展，同时与生活实践相结合，努力实现学生思维能力的提升。让语文教学和生活相结合，能够更加全面地提升学生的思维能力。

第三章　中学语文的教学策略探究

第一节　中学语文主题单元教学策略

一、中学语文主题单元教学的目的与系统分析

主题单元教学[①]可以使教学目标更加明确，能够促进教师转变教学理念和改进教学方法，真正做到以学生为本，提高学生语文学习的成就感，节约课时，打造高效课堂。

（一）中学语文主题单元教学的目的

中学语文主题单元教学是当今现代化教学模式最常用的手段之一，该教学方式更能适应现代社会对人才需求的现状，满足课程改革对中学语文教育的需求。

1. 满足现代社会对人才的需求

随着社会的不断进步，传统意义上的语文教学已经无法满足现代教育的发展需求，现代社会更需要高科技复合型人才和创新型人才，坚持使用传统语文教学模式则会对整体教育水平产生一定的负面影响。

主题单元教学的核心思想是利用系统结构和教材内容，在传统的语文教学模式上作出改革创新，丰富语文学科的内涵，充分吸纳课程之外的语文资源，在注重理论知识的同时也注重培养应用能力，并做到紧密联系实际。主题单元教学利用系统运作，采用自由、探究、科学的方式将学生的应用能力与素

---

① "主题单元教学"是以一个单元为一个整体，引导学生从整体入手，整体把握，紧扣单元训练项目把相关知识联为一条教学线索，使单元整体运转。在教学活动中充分体现以学生为主体，展示学生是学习和发展的主体，引导学生自主学习，自主探究，主动发展，注重能力的培养，促进学生自主实践活动，使学生的个体主体性得到很好的尊重和展现。这就需要教师进一步转变教育观念，确立新的教育理念。

养提升联系在一起，从而为提升学生的语言水平提供保障和基础。此外，语文单元教学方法侧重培养学生的自学能力和激发学习主动性，更关注人文精神和实践能力，在一定程度上说，对开拓学生的思维模式和培养创新精神起到重要作用，并能最大限度地做到与当今人才市场需求相匹配。

2. 适应新课改要求并积极落实

中学语文主题单元教学在系统思维指导下构建，是为了更好地落实新课程理念。语文课程需要努力改革相关内容、结构和实施机制，要遵循共同基础与多样选择相统一的原则，构建开放、有序的语文课程。主题单元教学以一个单元为一个系统，引导学生从整体入手，整体把握。主题单元教学打通了课内与课外，重新整合教材，尝试进行课程内容与课程结构、评价方式的改革。每个单元由若干个专题按照一定的顺序排列，形成一个教学序列。在教学活动中，充分体现以学生为主体，注重学生能力的培养。每个单元的学习都做到读写结合，实现学生语文素养的全面发展。

中学语文主题单元教学符合现代化教育改革的发展趋势，满足新课改对教师的要求，有助于教师转变传统观念和教学理念。主题单元教学在传统教学模式上进行创新和改进，这对教师提出了新的要求和标准。为了使这种教学模式充分发挥作用，教师要具备强劲的教学实力，细腻的系统思维，计划性教学目标及反馈式评价体系，根据不同的教学内容和学生自身水平情况设置不同的主题单元。在构建主题单元初期，要紧紧围绕以学生为主体对象，根据学生的发展规划及教学目标制定个性化教学环节。所以，教师要从主导角色转变为引导者，以此协助学生快速发展

（二）中学语文主题单元教学的系统

在系统思维的理论指导下，在中学语文教学中进行"主题单元教学"是现阶段中学语文教学的需要，也是语文素质教育的需要。主题单元教学是围绕某一主题开展的一系列学习活动的集合。围绕某个预设主题，进行一个单元的教学设计。主题单元教学是用系统论来建立单元教学的整体观，突破了传统语文教学模式的约束，更加注重中学语文教学的系统思维。主题单元教学从中学语文教学的实际出发，与单篇备课和教学相比，其更倾向于知识的单元化，注重思维的整体性和综合性，同时单元教学通过整合课程资源，针对某一课程主题进行文本拓展，提高了教科书的结构化和体系化，使教学从

之前的挖掘一篇课文到现在的系统性教学，不仅实现了课内、课外的联结，还丰富了学生的视野，将阅读和写作有效地结合在一起，帮助提高初中语文教学效率。

1. 中学语文主题单元教学系统的要素

系统的要素是组成系统的各个元素、部分，对于教学系统而言，要素主要包括教师、学生及教学内容，这是构成教学系统的必要元素。主题单元教学作为教学系统中的一个子系统，不仅具备以上三种基本元素，同时还有它特有的元素，包括主题、专题、情境等。各要素之间相互联系、相互作用，对内作为一个子系统发挥功能，对外作为一个相对独立的系统与外部环境产生紧密的联系。

2. 中学语文主题单元教学系统的属性

整体性、层次性、相关性及有序性是系统观念的重要特征，同时主题单元教学作为系统性的教学方法也体现了系统观念的属性。中学语文主题单元教学系统的属性如图 3-1 所示。

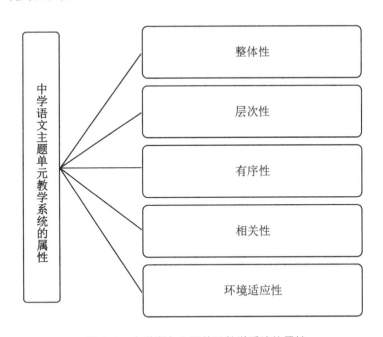

图 3-1　中学语文主题单元教学系统的属性

（1）整体性

在语文教学中，教师应注重教学系统中各个要素的联系，以使语文教学呈现整体特性，抓住任何一个要素，实现中学语文教学的高效性。

学生语文素养的形成和发展是语文教学的根本目标，通过教学，提升学生的语言文字理解能力和知识运用能力。但是就目前的语文教学情况来看，教师将一篇文质优美的课文分解成独立的模块，在课堂上只注重词语、句子、段落的讲解，而忽视了文本整体的艺术美。有的教师为了应付考试而将教学内容题目化、答案规范化，学生通过课堂学习，只是被动地获取知识，对语文素养的提升而言毫无意义，因此，这样的课堂并不是优秀的、成功的课堂。

主题单元教学中渗透了整体性原理，无论是从教学目标、教学任务方面来看，还是从教学资源、教学步骤方面来看，都体现着主题单元教学系统性的思维。教师从整体上把控教学目标，对各种课内课外资源进行整合，同时通过设计有序的教学步骤，以实现语文教学的整体性，进而为学生掌握系统性的知识提供条件，以提升学生的语文素养。

（2）层次性

系统的层次性主要是指从大的范围来看，每个系统都有属于自己内部的子系统，而子系统又是具有构成要素的相对独立的系统，而构成系统的要素从本质上来看也是作为一个系统而存在的，这就体现了系统的层次性。

（3）有序性

系统的有序性是有机联结系统内部层次与外部结构的基本特性，也被称为系统的有序性。稳定的系统结构是产生系统有序性的基本条件。语文学科的授课需要遵循一定的教学规律，按照主题单元内容层层递进，由表及里，由简单到复杂，从单纯的知识吸收逐渐转化为应用能力的提升。语文学科的主题单元内容是由多个专题内容组合而成的，仍然按照由基础到深入的顺序进行课题安排。此外，每个单元的学习内容既要相互联系，又要相互独立，如此有助于学生快速吸收连贯性较强的知识。由此可见，以主题单元的形式来开展教学有利于帮助学生快速掌握知识和提升能力，递进式的主题序列教学法弥补了传统教学方式的弊端，验证了循序渐进的教学原则才是最优方案。

（4）相关性

作为一个整体，中学语文教学系统不仅与外部环境产生能量、信息的交换，同时系统内部各要素之间也存在有机关联的关系，主要体现在教材、教学方法、教学模式上。同时，作为教学的基本要素，教师与学生之间也是相互作用、相互影响的。此种相关性在主题单元教学中体现得尤为明显，单元教学本就是围绕主题将相关文本整合成一个个教学单元，由此，相关性不仅体现在单元中的每个环节，同时教学中的拓展环节和活动课环节也是紧扣单元文本和单元目标展开的。此外，相关性还体现在每一个单元的内容上，它对内与其他单元内容相联系，对外与学生的生活实际相联系，教师通过开展学习活动和实践活动使学生在实际生活中感受语文知识。

（5）环境适应性

随着社会现代化的脚步逐渐加快，语文学科与社会时代的关系越来越紧密，与外界交流的频率越来越高，影响语文学科发展的因素也越来越多，如教学环境、社会环境和家庭环境等，都对语文学科的发展起到重要影响。其中，环境因素包括学校、班级、家庭等小环境。外部环境因素主要是社会环境，包括家庭教育、父母行为、社会风气、教育程度、学风、校风、父母教育程度等诸多因素。为了最大限度地降低外部环境因素对学生学习所造成的影响，主题单元教学是最常应用的教学模式之一。这种教学模式打破了传统教学方式的束缚，增强课本与教材的联系，使学生学会在生活中寻找资源，在生活中运用语文知识。所以，学生应当重视环境因素对学习过程的影响作用。

授课过程需要灵活多变，不能被传统束缚，而且，教学过程易受多方因素影响。但无论是内部因素还是外部环境因素，都需要依托主题单元教学方式来开展教学。主题单元教学方式具有一定的时代性，紧跟时代发展，快速适应环境的改变，而这也决定了主题单元教学方式具有更强的开放性和包容性，它在与外界沟通的同时进行自我调整，以此查漏补缺，适应新的环境。

3. 中学语文主题单元教学系统的思维

主题单元教学是一种新型的教学方式，秉承现代教育的理念，体现了教育时代化的特点。由于主题单元教学方法缺乏完备的体系与充分的理论指导，因此，在实践的过程中很难实现系统化的整合。如果想呈现好的教学效果，语文教师就需要从多个角度出发，对单元教学的现状进行分析，主动研究语文主题单元教学的发展情况，了解它的发展趋势，这也是教师顺应教育时代潮流的表现。同时教师需要具备系统思维，系统思维是由基本的思维模式衍生出的思维形态类型，在这种高级的思维模式中，教师将认识对象看作一个系统，将系统与要素、系统与环境、要素与要素有机地结合起来，并深刻地、综合地考察认识对象。系统思维模式使人们对事物的认识更加全面，对事物的理解更加透彻，从整体出发，帮助人们更好地认识事物本质。

（1）中学语文主题单元教学系统思维的特点

在主题单元教学中，既具备教学系统所具备的主要要素，还具备特定要素，如主题、专题、单元、情境和资源等，此类要素是语文主题单元教学系统的重要部分，同时也是独立和完整的子系统。各个要素间相互联系、相互作用，和外部环境存在紧密的联系。系统思维视角下的语文主题单元具有整体性、层次性和相关性的显著特征。

第一，系统思维视角下的语文主题单元具有整体性。在过去的语文教学中，教师带领学生认识生字、翻译诗词、讲解文章、分析优美的文章，并要求学生背诵。但为了应对日常考试，教师不得不注重教学内容理论化和考试答案规范化。学习完一篇课文后，学生大多会被动地接收一些零散知识，很难对课文的整体性有全面的把控。系统思维能够体现整体性的特点，在教学过程中，想要提升教学质量，则需要重视语文教学系统的各个要素。在进行主题单元教学时，不仅要关注各个要素，也要重视文章的整体性。教师关注教学目标与教学任务，整合课堂知识与课外知识，使教学、练习和活动有机地结合。因此，如果教师能关注整体与部分的联系，将会使教学过程更加科学化、规范化，同时也能帮助学生更好地掌握语文专业知识，提升语文专业素养。

第二，系统思维视角下的语文主题单元具有层次性。系统思维不仅具有完整性的特点，也具有一定的层次性。层次性体现在大的系统包括小的系统，在各个系统中具有子系统，而子系统也是由系统组成。目前，如果将语文教学系统看作一个大系统，那么中学语文教学是它的子系统之一，中学语文教学中又包括主题单元等子系统。主题单元是由各个专题组成，各个专题是由小问题组成，这些小问题是由各个要素组成。综上所述，层次性是主题单元教学的主要特征之一。

第三，系统思维视角下的语文主题单元具有相关性。在中学语文教学中，教师不仅要重视系统内的各个要素以及要素之间的关联，同时也要关注系统与外部环境的有机联系。在教学系统内部，教学目标、教学过程与教学反思等各个要素具有密切的联系，而在教学系统的外部，教学环境和社会环境也具有一定的影响力。在主题单元的教学过程中，每一个教学环节都体现了相关性，换句话说，每一个教学环节都离不开教学目标与教学任务。单元内容不仅具有独立性，也展现出一定的相关性，使中学语文主题单元教学更加系统化与科学化。

（2）中学语文主题单元教学系统思维的策略（图3-2）

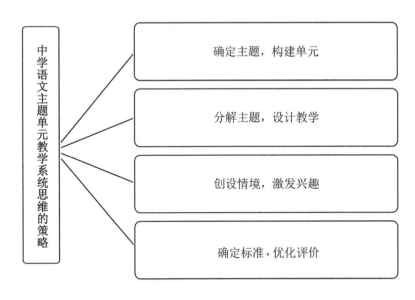

图 3-2 中学语文主题单元教学系统思维的策略

第一，确定主题，构建单元。系统思维视角下的语文主题单元教学要求教师深入地研究教材并把握主题，按照系统思维的整体性、层次性和相关性原则，在整合信息的基础上，构建单元并确定主题。在构建单元时，需要收集相关资料，考察并总结同类文本，以便更好地确定主题。比如，为了弘扬革命文化，教师可以筛选与分析教材内容，使用最合适的文本赞美英雄事迹，同时，也可以更好地表达学生的爱国之情。

第二，分解主题，设计教学。在设计单元教学的过程中，教师需要对构建的单元进行主题分解，这样能够有效提高教学质量，呈现更好的教学效果。在进行主题分解时，需要遵循系统思维的整体性、层次性和相关性原则。例如，教师在设置"革命教育"主题时，可以将它分解为"文本的阅读欣赏""文本中体现的中心思想""文本赏析后的感想领悟"。教师通过分解主题，使单元教学具有层次性，可以帮助学生更好地鉴赏文本、理解文本所表达的思想感情。

第三，创设情境，激发兴趣。教师在教学过程中可以通过创设教学情境激发学生的学习兴趣，促使学生积极主动地投入学习。创设教学情境有多种方法，如直观情境、悬念情境和模拟情境等，在单元学习过程中，教师也可以使用多种手段为学生营造真实的情境体验，比如，播放音频和背景动画等。

第四，确定标准，优化评价。为了呈现更好的教学效果，教师需要确定评价标准和优化评价方法，有效地评价学生的学习。教师不仅要遵循整体性和有序性原则，同时也要关注学生的全面发展。在学习单元主题之前，教师需要检测学生的学习水平，了解学生的学习需求，展开诊断性评价。在学习过程中，教师可以检测学生的阅读能力、理解能力、分析能力以及合作能力等，对学生进行形成性评价，同时也可以通过日常观察和师生讨论等途径对学生作出评价，及时给予学生帮助与鼓励，使学生树立信心。

总体而言，主题单元教学是现代化语文教育的重要手段之一，有利于实现专业知识的整体性与系统化，有利于培养学生的学习能力，有利于提升学生的文化素养。教师需要在实践中不断摸索，研究教学方式，更新评价体系，更好地开展主题教学，实现教学过程的最优化。

二、中学语文主题单元教学的构建策略和实施

为了更好地达到预期教学目标，完成教学任务，就要遵循特定的教学规律，充分发挥语文主题单元教学方法的优势，利用其特有的整体性、层次性、相关性、有序性和环境适应性等构建教学框架，从而将系统内的各个要素进行关联，辅助教学过程顺利进行。

（一）中学语文主题单元教学的构建策略

从系统思维的角度上来看，主题单元的主体除了有教师、学生两大中坚力量外，还包括情境、主题、评价和资源，除了主体因素的影响，还涉及教学环境、学习资源、小组分配、指导方法、学习成果等因素，这些都对教学任务的完成有着重要的影响。

1. 中学语文主题单元教学的情境创设

情境创设是辅助主题单元教学的重要环节，由于主题单元教学系统不断吸收外界信息，实时更新教学内容，并极易受到外界因素影响而发生改变，所以创设单元情境，为学生营造良好的学习环境是主题教学模式的核心内容。教学情境主要为学习提供服务，通过创造情感反应和客观环境来激发学生的情感和思维，从而达到教育目标，完成教育任务。教学情境对教学系统有重要影响，不仅贯穿在整个课堂学习过程中，更是课堂开课的导入手段，与学习成果息息相关。

优秀的情境创设是提高课堂教学效果的重要条件。针对不同的教学内容，所采取的情境建设也有所不同，起到的辅助效果的差异性也较大。因此，在创设情境时要结合单元内容和教学目标，符合学生认知发展规律，创造出具有多样性、个性化的情境。

2. 中学语文主题单元教学的资源配置

为了使教学活动更加顺利，需要合理利用教学活动资源，而活动资源又分为人类资源和非人类资源。其中，人类资源主要包括新媒体设备、教学辅助设备等实物。站在系统思维的角度上，资源与主题教学关系密切，两者相互联系，相互依存。而且，主题单元教学内容是以学生为服务对象，教师利用教学资源，如教材、教案、课件、文献资料、媒体报道、教学影像和音频等，给学生带来耳目一新的授课体验。

3. 中学语文主题单元教学的评价设计

评价设计是反馈授课效果的最佳方式，学习评价是指采用科学、公正的评价手段，按照预定的标准进行量化，对反馈结果作出价值判断。学习评价也可看作系统运作，整个评价系统按照一定的规律缓慢运作，其中涉及内容包括评价者、被评价者、评价标准、评价手段等。

根据评价体系的功能与发展，可以将反馈结果分为三类评价体系，包括：诊断性评价、形成性评价和总结性评价。主题单元教学需要遵循评价体系的运作规律，在重点关注教学内容的同时，也要激发学生的参与积极性和学习热情，并根据评价结果进行改进和创新。

主题单元评价系统的框架首先是从学习计划和学习目标入手；其次是分析单元的学习目标和主要学习内容，重点突出强化能力的相关知识，并选择本单元中最能体现教学成果和目标的学习环节，每一个主题单元要结合丰富多样的教学形式和反馈评价，而且，评价结果要贯穿整个教学活动始终。

（二）中学语文主题单元教学策略的实施

第一，整合教材内容，确定主题。中学语文课程有着各种各样的资源和丰富的内容，教师应通过系统的思维，从全局的角度规划初中的教材。在系统思维相关性原则的指引下，将教材中相似的文本进行整合，将其纳入一个单元中，单元主题可依照文本的共性确定。按照单元主题寻找与之相匹配的课外材料，拓宽学生的知识面。在选择和确定主题的过程中，教师可以参考学生的意见，或是使用学生选择的主题，这可以增加学生的学习热情。但教师要在学生选择主题的过程中给予相应的指导，保证学生选择的主题符合语文课程的内容。

第二，确定学习目标、教法与学法。在确定学习目标的过程中要从单元教学的角度出发，将整个单元看成完整的系统，在明确系统目标的同时还要明确各个子系统的目标，即单元中不同专题要实现的目标。可以使用传统的教学方法，但选择能够提高学生探究能力、自主学习能力、合作能力以及系统性思维的教学方法明显更好。

第三，分解主题，设计单元教学环节。在系统思维层次性原则的指引下，为了实现整个单元的目标，可以将主题分解，将其设计成不同的专题，然后再将专题拆分成一个个具体的教学环节。在此需要强调的是，每个教学环节都不能脱离单元主题，同时要按照由简到难、由浅到深的顺序循序渐进地设计教学环节。此外，教师要给予学生足够的自主学习空间。

第四，创设学习情境。在系统思维相关性原则的指引下创设学习情境，要从单元内容和学生的学习情况出发。

第五，准备单元学习资源。主题单元教学中包含了各种各样的学习资源，如人力资源、信息资源、工具资源以及环境资源等。校本教材中出现的各种音频视频资源、阅读材料、网站资源以及工具资源等都是当下主题单元教学常用的。资源对于主题单元教学的重要性不言而喻，各种各样的学习资源除了可以开阔学生的眼界外，帮助学生实现学习目标，还能提高学生在现代化信息技术下的自主学习能力。

三、中学语文主题单元教学策略中的注意事项

（一）转变语文教师的教育观念

在主题单元教学中，教师要不断提高自身素质，在系统思维相关性、层次性、整体性、有序性以及环境适应性原则的指导下完成单元教学；教师要更好地解读文本，同时对相同的主题内容不断地拓展，这就意味着教师要花费很多的精力与物力；教师要不断更新自身的教学理念。课程改革提出，教师要用"用教材教"代替之前的"教教材"，教师要灵活地、有创造性地使用教材，可结合实际情况对教材文本进行一定程度的整合，学校还可以鼓励教师参与到校本教材的创编中来。

主题单元教学与传统的逐篇课文学习相比更具挑战性。单课教学目标落实时间相对较短、较细，主题单元教学课时周期长，在教师心目中不如单课教学稳当。在高考压力下，有部分教师不敢尝试。要想改变这一教学现状，中学语文教师要抛弃应试观念的影响，敢于打破已熟悉的教学模式。

（二）教学主题须紧扣学科特点

虽然主题单元有着较为广泛的选题范围，但有的语文教师只将单元教学的主题圈定在社会生活这个范围内，只将语文学科具备的人文性特征凸显出来，并没有体现语文学科的工具性特征，从而导致"泛语文化"的现象出现。因此，语文学科的内在规律以及系统的相关性原则都是主题单元在选题过程中要遵循的原则。此外，以下方面也是选题时要注意的事项：

第一，选题要符合新课标要求且立足教材。教师要按照新课程标准进行教学，主题单元的选题也要符合课程要求，"唯教材论"是不可取的。但相比其他资料，专家设计的教材在与教学大纲的贴合度上要明显更好。不过立足教材不是让教师只将目光放在教材和课本上，而是要连接课内外，丰富教材和课本的内容。

第二，选题要考虑主题单元的集中性和相对独立性以及各单元之间的联系性。可以将一个个单元看作一个个独立的系统，每个专题的设计都要紧紧围绕主题。尽管每个单元都是独立的，但它们之间又是相互联系的，因为它们都处在中学语文教学这个大系统中。因此，教师要按照系统性思维选题，结合三年的教学思考如何循序渐进地完成不同单元的教学。换言之，要在系统整体性、层次性和次序性原则的指导下选题。

内容的开放性和综合性也是主题单元关注的重点，所以在选题时可以扩大范围，不必拘泥于教材。教师在教学过程中既要遵循课程标准，又要符合考试大纲的要求，要在语文教学的基础上进行相关的拓展。

（三）拓展课和活动课注重实际

主题单元教学是一个独立的系统，每个环节的设计都要紧扣主题，各个环节之间要有一定的关联性。

随着课程改革的不断推进，语文课堂不仅有了更多的拓展环节，还有了更多的活动形式，但这似乎也改变了语文课的评价标准。当下只看语文课堂中有没有拓展、有没有新的形式，这会让教师只将重点放在如何拓展语文课堂和怎样才能让语文课堂更有新意上，从而忽视最根本的课堂教学内容。教师在追求形式的过程中也会忽视学生对语文知识的学习，这些都让语文课堂走入了新的误区。

在主题单元教学中，拓展和活动是不能或缺的环节，它们与单元的目标和文本之间有着密切的联系。拓展必须适度：一是要合理安排拓展的难易程度，二是要以单元主题、单元目标和单元文本为出发点设计拓展内容。题目的难度不能太大，也不能太简单，不然就会失去拓展的意义。此外，拓展要按照系统的相关性原则选择与单元文本和目标相关的内容。

合作、自主、探究是语文课程标准提倡的学习方法，而它们都可以通过活动课实现。因此，在课程改革之后，教师都会组织活动课。不过在主题单元教学中，活动课不仅要围绕单元主题，还要具备"语文性"。活动课能够为单元学习营造真实的学习环境，其目的在于让学生的语文能力获得不断提升。

（四）主体单元教学评价要科学

课程标准倡导多个主体参与评价中来，鼓励学校、教师、家长和学生共同完成评价活动。教师在当下非常注重形成性评价，但这也让评价过于烦琐，教师为了保证评价质量会频繁记录评价量表，从而忽视教学过程，就颠倒了教学的主次。因此，以下几方面是教师在制定评价量规时要注意的事项：

第一，紧扣单元主题和学习目标。在确定评价量规中不同评价项目的过程中要从学习目标的需求出发，要基于不同学生的水平和认知特点确定评价项目的标准。

第二，等级描述要具体。各个等级间的差异要明显，这样才能保证量规的可操作性强。

第三，评分权重要以学生的能力为基础分配。权重分配既可以是十分制，也可以是百分制。

第四，教师可以邀请学生一起完成学习任务完成方式和评价量规的设计。在实际教学过程中，教师可以根据情况灵活地调整量规，使其真正服务于主题单元教学。

总体而言，语文主题单元教学这种全新的教学方式在实践过程中难免会出现一些问题，这就意味着中学语文教师要尽自己最大努力去学习各种各样的理论知识，通过实践不断探索，进而让中学语文教学发展得更为完善。

第二节　中学语文学习任务群教学策略

在传统的语文课堂教学中，教师更加倾向于学科知识教学。学生的语文学习存在较强的依赖性，制约了语文课堂教学质量。因此，在新课程改革背景下，为了进一步提升学生的语文综合素养，要充分借助"学习任务群"这一全新的教学方法，弥补传统课堂下教学内容缺失的现状，进而提升语文课堂教学效果。"学习任务群是一种符合现代化教育要求的有效教育模式，在中学语文教学中的运用能够培养学生自主学习能力与独立意识，而且让学生的学习更具有综合性，效率更高"①。

一、中学语文学习任务群策略的作用

（一）有利于满足世界发展的需求

1. 符合信息时代发展的需求

随着科学技术的迅速发展，尤其是信息技术的发展，使互联网等数字化生活扑面而来，宣告人类进入了信息化的时代。在这样一个极速变化的时代，我们教育方式和学习方式的改变是势在必行的，语文教学中的任务型驱动、综合型学习的方式就是时代发展的结果。

2. 迎合母语教学发展的需求

在世界发展日新月异的同时，各国母语教学也日益迅速发展，让我们以国际文凭组织的语言课程为例来窥一斑而见全豹。国际文凭组织的《语言：文学指南》中提出：文学是一门灵活的课程，允许教师从指定作家名单中选择作家的作品，并根据学生的特殊需要和兴趣安排教学。课程分为4个部分，每个部分都有一个特别关注的重点。第1部分：翻译作品。第2部分：精读作品。

---

① 戴蓉菁. 高中语文学习任务群的教学策略研究［J］. 新教育时代电子杂志（教师版），
　2021（40）：57.

第3部分：按文学体裁编组的作品。第4部分：自选作品（作品可以自由选择）。课程包括普通课程与高级课程，两者内容上的对比见表3-1。

表3-1　普通课程和高级课程内容对比表

课程部分	普通的课程	高级的课程
第1部分：翻译作品	学习2部作品，均出自指定翻译文学作品目录	学习3部作品，均出自指定翻译文学作品目录
第2部分：精读作品	学习2部选自指定作家名单中的作品，体裁不同	学习3部选自指定作家名单中的作品，体裁不同（必须包括一部诗集或词集）
第3部分：按文学体裁编组的作品	学习3部体裁相同的作品，均选自指定作家名单	学习4部体裁相同的作品，均选自指定作家名单
第4部分：自选作品	学习3部作品，均自由选择	学习3部作品，均自由选择

（二）可以满足语文教学发展需求

第一，语文能力综合拓展的需求。从现代生活发展来看，单个语文知识不可能独立地完成生活中的某项任务，语文知识必须综合起来成为语文能力，才能运用到生活和工作中去。而我们通常的语文教学单纯地停留在阅读分析、理解课文内容上，把握作者的思想感情，语文教学很难触及真正的语文能力的形成，这就是"学习任务群"提出的重要生活背景。此外，语文学习任务群提出，以任务为导向的综合性课程，有利于综合运用语文知识，将知识更好地发展成语文能力。例如，一次演讲、一次小型的研究讨论、一次话剧表演、一次作品发布会、一次数字故事写作和上传的过程等，都会极大地丰富语文知识的综合运用，提高学生的语文综合能力。"学习任务群"改善了学生语文知识不能转化成语文学习能力的尴尬情况，同时适应了时代生活对语文教学提出的要求。

第二，语文教学内容补充的需求。语文学习任务群的提出也成为充实语文教材教学内容的重要途径。例如，受现代学校运行机制等因素的影响，语文课程的学习内容倾向学科知识，语文学习环境依赖课堂教学，语文学习目的偏向应对考试，这些都使学生的语文学习在相当大的程度上脱离了语言实践，破解之道就在于恢复语文学习活动的实践性、综合性。20世纪末以来，语文教育界大力提倡探究学习、合作学习、综合性学习等，从学习方式层面引导语文课程转型。随后颁布的课程标准都强调要在广泛的实践中提高学生运用语言文字的能力。语文课程是一门学习语言文字运用的综合性、实践性课程，我们需要从课程观念层面凸显语文课程的实践取向。而学习任务群有助于加固实践取向的语文课程链条，具体包括学习观念、学习方法、学习内容、学习评价等。

"语文学习任务群"的提出，也将使学生通过教材学习语文知识的传统方式发生巨大改变，学生将到汉字博物馆、中国文化的发源地等去追寻中国语言文字的魅力，这些变化也使语文教学者备受鼓舞。

二、中学语文学习任务群策略的实施

（一）"跨媒介阅读和交流"的教学

1．"跨媒介阅读和交流"能强化语文素养

（1）语言能力的发展

跨媒介阅读和交流要避免学生的浅阅读，要促使学生深阅读、深思考；要避免学生的碎片化阅读，要促使学生的整体性、完整性阅读；要避免粗俗化语言对学生的影响，要让学生体会语言的优雅性、高贵性。要让学生通过数字化阅读的现代方式，提升语文教学的传统培养着力点——语言能力的发展。通过大量信息的阅读，让学生能做到快速、准确地把握信息，能够在互联网上随时、迅速传递信息，同时保持语言的优雅性。不能让学生停留在数字化的光电声色的"虚幻"美景中，要让学生扎扎实实地品味语言，赏析语言，运用语言，去优化、发展网络语言。教师也不能简单停留在仅利用数字化的图像、视频吸引学生的注意力，要从语文教学的重点——语言入手，扎扎实实地教会学生把握语言，提高运用语言的能力。

（2）思维能力的提升

跨媒介阅读与交流要强化学生的思维能力，尤其是批判性思维能力的提升。因为在现实的网络阅读中，各种信息繁杂且众多，学生很难区分，强化批判性思维的提升，有利于学生在跨媒介的阅读和交流中去伪存真。批判性思维是一种认知活动，是以一种批判、分析、评价的方式思考，需要运用多种思维活动，如关注、分类、选择和判断。我们强化和运用批判性思维，可以有利于学生不受众多信息的干扰。因为批判性思维本身就是一个过程：辨别他人的立场、论辩和结论，评价其他观点的证据；公正地权衡反方的论辩和证据；能够读出言外之意，看穿表面现象，辨认虚假或者有失公正的假设；

识别出一些增加说服力的技巧，如虚假逻辑和说服技巧；以有结构、有逻辑、有见解的方式思考问题；能够根据有效的证据和合理的假设判断论辩是否成立、是否公正；等等。强化这样的过程，促进思维能力的提升，非常有利于学生在数字化阅读中的发展。

（3）审美能力的形成

跨媒体阅读和交流中提高审美能力非常重要。审美是感知、想象、情感、思维几种功能相互交融的复杂的心理过程。审美一般不离开感性对象的直接反映，但它是渗透着理解的感觉，是包含着感情表象和理解因素的审美直觉，所以，训练学生的理解因素对审美非常重要，让他们自动接受真善美的信息。在他们的审美感受中，如果只是来源于直觉还是比较肤浅的，要提高学生的认识水平。审美感受如果只是获得对生活的直接体验也还是比较简单的，要有理想的照耀，所以教师要对学生的数字化阅读加强指点和把握。

2. "跨媒介阅读和交流"教学的具体策略

（1）将互联网型任务融入语文教学

在这样的大趋势下，越来越多的学生将使用互联网进行阅读和学习，所以教师应该有意识地根据学生的年龄情况、学习能力和层次来设计互联网的阅读和交流教学内容。而现状是这样的教学设计非常少，互联网的发展非常快，绝大多数的学生缺乏有效的互联网阅读和交流的有效指导。因此教师应有意识地将互联网任务融入语文教学中，培养学生精确把握信息的能力，把培养学生在互联网阅读中批判性思维的能力以及培养学生在互联网学习中高效学习的能力作为重点。

（2）运用数字学习资源丰富语文教学

随着各种媒体的发展，作为教学者要把数字化资源带入课堂，充分组织和发展数字化资源的使用。目前在线的教学平台也正在如火如荼地发展，将来的学生将在普通的学习过程中随意接触到数字化的学习资源，自己需要主动学习，所以作为教师要有意识地开发学生的学习资源，在自己的教学中也要有意识地开发数字教学资源，带领学生进行数字化的阅读和学习，提高学生的学习兴趣和积极性，有利于学生未来的发展。

（二）"思辨性阅读和表达"的教学

1. "思辨性阅读和表达"的教学目标

第一，阅读古今中外论说名篇，把握作者的观点、态度和语言特点，理解作者阐述观点的方法和逻辑。阅读近期重要的时事评论，学习作者评说国内外大事或社会热点问题时的立场、观点、方法。在阅读各类文本时，分析质疑，多元解读，培养思辨能力。

第二，学习表达和阐发自己的观点，力求立论正确，论据恰当，讲究逻辑。学习多角度思考问题。学习反驳，能够做到有理有据，以理服人。

第三，围绕感兴趣的话题展开讨论和辩论，能理性、有条理地表达自己的观点，平等商讨，有针对性、有风度、有礼貌地进行辩驳。

2. "思辨性阅读和表达"的教学意义

思辨性阅读与表达是新课程改革背景下语文阅读教学一种常用的方法，其优势在于可以促使学生处于思辨状态，自觉地参与文本的分析与论证，最终对文本内容有全面的理解。

（1）思维是"审视"语言的工具

语言是思想的直接现实，语言和思维是互为表里的，语言也构建、提升着思维。语言是思维的外显，同时思维过程酝酿、调整、控制着语言，充分思维使语言表达充分完整，深刻思维使语言含义更为丰富，所以运用我们的思维尤其是逻辑思维可以审视语言的准确性、严密性、深刻性。

以《论语》教学为例，《论语·学而》篇中说道："学而时习之，不亦说乎？有朋自远方来，不亦乐乎？人不知而不愠，不亦君子乎？"其中"学而时习之，不亦说乎"中的"时"的含义因"习以为常"而被我们忽略。朱熹在《四书章句集注》中对"时"的解释为"既学而又时时习之，则所学者熟，而心中喜说，其进自不能已矣"。"时"就是"时常"，这也是一个被广泛接受的解释。

但是，从逻辑思维的角度让学生分析一下这句话中"时"的含义，如果"学而时习之，不亦说乎"从形式逻辑上来看是一个全称肯定命题的话，那么它的特称否定命题就是"有时学而时习之不快乐"，那么从形式逻辑的角度来看，这两个矛盾的命题中一定有一句是错的。由此在教学中来给学生判断，学生的思考是孔子说的话应该不会有错。那么按照事实来看，"有时学而时习之不快乐"也不会有错，推断肯定是翻译有错误。由此，杨伯峻先生的《论语译注》对"学而时习之，不亦说乎"的解释是"学了，然后按一定的时间去学习它，不也是很高兴的吗？"在这里，"时"就是"按照一定的时间"的意思，不是"时时"的意思。并且杨伯峻先生解释道，（魏）王肃的《论语注》就是这样解释的，朱熹的《四书章句集注》的解释是用后代的词义解释古书。为了判断这个观点的准确性，可以让学生在《论语》中找一下带有"时"的句子，学生找到了如"使民以时""时哉时哉，夫子时然后言""不时不食"这样的句子，这些句子中的"时"都解释为"适当的时候"，这就是运用《论语》中的"时"字对"学而时习之，不亦说乎"这句中的"时"字进行内证。

所以，通过逻辑思维质疑、探讨语言的含义，审视"习以为常"的解释，探究了语言的准确性，这就是思维对语言的校准作用。只有严密思维、充分思维、深入思维，才能调整、完善、发展我们的语言。

（2）语言是"发展"思维的途径

如果语言是一种编码，阅读理解和听读理解过程就是思维对语言解码的过程。对语言的"解码"可以丰富思维的广度和深度，挖掘深度思维，体验深度思维；对语言的"解码"同样也可以提升思维的维度，挖掘独特思维，体验思维创新。

以《论语》教学为例。在《论语·学而》篇中有这样一句话："子曰：'父在，观其志；父没，观其行；三年无改于父之道，可谓孝矣。'"首先给学生的第一个思考体验是两个"其"指谁。学生经过思考后说是"儿子"。告诉学生也可以将两个"其"翻译成"父亲的"，例如，"父亲在世，儿子不能自专，应该顺从父亲的志向；父亲去世后，应该遵循父亲生前的行为。"这也是合理的翻译。给学生的第二个思考体验是"三年无改于父之道，可谓孝矣"中的"三年"怎么翻译比较好。学生的回答，从儒家的角度来看，守孝三年应该是实指"三年"，但从孝的角度来看好像是长期比较好。可以告诉学生历来两种翻译的确都存在。第三个思考体验是"三年无改于父之道，可谓孝矣"这个句子怎样翻译比较好，能否直接翻译成"他对父亲的行为做法要长期不加改变，可以说做到孝了"。学生在思考后提问："那么对于父亲错误的做法儿子也要不断去做吗？这样的事情不符合当代生活实际，在古代也是行不通的吧？如果去做，古代的社会也会变坏，不是孔子的本意吧？不应该这样翻译吧？那怎样翻译比较好呢？"学生的提问中就有了我们现在比较流行说的"批判性思维"了。通过对句子含义的辨析，达到反思过程，正符合了批判性思维的定义，即批判性思维就是旨在决定主体所信或所做的合理的反思性思维。

学生的反思体现了思维的加深，维度的拓展，对语言的"解码"引起了思维，冲击了思维，丰富了思维，体验思维的深度过程。杨伯峻在《论语译注》中的译文为："若是他对他父亲的合理部分，长期地不加改变，可以说做到孝了。"这样的翻译我们现在看来是比较合理的。朱熹的《四书章句集注》中也引尹氏曰："如其道，虽终生无改可也。如其非道，何待三年？然则三年无改者，孝子之心有所不忍故也。"虽然朱熹不认为"父之道"一定不能改变，但朱熹引尹氏的话在这里重点突出的还是"孝"，不是"改"和"不改"。金良年先生《论语译注》的译文是："三年不改变父亲的准则，可以说是孝了。"也是突出"孝"的行为，并不是注重"孝"的内容，或者是传统社会认为老年人的经验有价值不可轻易否定，从这个意义上说，孝是古代保持传统延续的手段。

由对语言的"解码"，到对"解码"的反思和质疑，再次"解码"理解，再次反思和质疑，语言理解的校准促进了批判性思维的形成和发展，促进形成思维的独特性和创新性。

（三）"当代文化参与"的任务群教学

1. "当代文化参与"的依据

（1）从"文化"的分析性含义分析"文化"

人类学家克鲁伯在《今天的人类学》中从文化的分析性范畴对文化给出的定义是：文化是一整套行为的和有关行为的模式，该模式在某一特定时期内流行于某一群体，并且从研究的角度和研究所覆盖的范围来看，这些模式即使在与其他模式的相关联中仍显现出非连续性和可被观察性。关于分析性范畴的文化概念可以分为以下六类：

第一，描述性的文化概念，如文化囊括一个社会风俗习惯的所有表征，包括个人行为受到他所生活的社群习俗影响的反应形式，以及受到这些习俗制约的该群体社会活动的产物。

第二，历史性的文化概念，如社会遗传即文化。文化作为一般词语意味着人类的全部社会遗传，作为特殊词意味着一种特殊社会遗传。

第三，规范性的文化概念，如超有机体世界的文化层面，由意义、价值和规范组成，包括当它们在经验的社会文化世界中通过实际的行为或其他手段被客观化（对象化）而显现的它们之间的关系和互相作用，以及组合和非组合的形式。

第四，心理的文化概念，如文化是一种生活规划，借此一些相互合作的人要比其他人更偏向某些动机以及达成这些动机的方式。

第五，结构性的文化概念，如文化是一套从历史上获得的关于生活的明确的或含蓄的设计图样，为所有社会成员或某个特殊群体所共享。

第六，遗传的文化概念，如文化是所有一切人为的产物。它是一整套的生活工具和习惯，由人发明创造，并一代代传递下去。

（2）"和而不同"是中国当代文化的立足点

20世纪以来，全球化的发展极大地促进了全球文化的变迁和交融，不但使各国的文化趋同，同时凸显了各国文化的差异。各个国家的文化从自身的发展，到汲取国际文化，通过交融，产生了很多新的文化现象。新的文化现象不断提醒人们关注本土文化与国际文化共存融合的过程，关注本民族文化的整体性、纯粹性等问题。

我们可以看到"文化"这个词最早的关联和运用是在中国古典文献《易经》中写道"观乎人文，以化成天下"。西汉刘向在《说苑·指武》中将"文化"作为一个整词使用，"圣人之治天下也，先文德而后武力。凡武之所兴为不服也。文化不改，然后加诛"。文化在这里是用来教化转变人，以建立和维持一种政治伦理秩序。中国几千年的发展也造就了与众不同、光辉灿烂的文化，而且在这个过程中提出了"和而不同"的思想，这对研究中国当代文化也有重要的意义。首先承认不同，然后才能在各种文化的交融中找到交汇点。对中国当代文化的认识，要立足于本民族文化发展至今的历史性和特殊性，要以"和而不同"的思想摆脱西方中心论的观点，促进对当代中国优秀文化的研究和弘扬。

2. "当代文化参与"的意义

（1）社会融合发展的需求

当代中国经济发展迅猛，对当代优秀文化的研究与教学，可以促进整个社会重视文化，并使整个社会反思当代文化的优势与不足，促进当代中国人精神的进步，更好地参与全球的管理事务中。同时，对社会生活而言，当代文化既是社会生活的产物，又反作用于社会生活，对当代文化的教学，可以促进社会生活向更为理性的方向发展。

（2）有中国心的现代人目标

对传统优秀文化的理解和传承，融入当代文化的研究和教学中，让学生知道源头，并能探知方向，就像河流从源头流向大海，让学生站在我们伟大祖先的足迹上，探索当代文化的发展方向，探索自己的发展方向，做一个有"中国心"的现代公民。

3."当代文化参与"的形式

对于当代文化参与的课程需要教师不断转变自己的教学理念，设计相关的课程与活动，带领学生在体验中获得知识和能力。例如，通过文化研学活动，让学生体验当代中国文化，理解中国当代文化；通过交融实践课程，加强文化实践活动，让学生在文化实践体验中理解当代文化；通过任务型的课程活动，让学生在参与反思中深入理解当代文化。同时不断变换课程形式，突出学生在参与过程中的主要地位，以学生的参与、体验、实践、反思为主，加强多渠道的交流、认识、沟通、理解。

第三节　中学语文整本书阅读教学策略

随着教育改革的不断进行，当今社会对中学生的语文素养要求日益提高，而"多读书、读好书"便成为提高学生语文学习能力和综合素养的一个有效方法，对整本书的精读、细读更是作为语文阅读学习要求贯穿语文学习始终。因此，对整本书阅读教学模式进行研究探讨，便可以帮助学生培养良好的阅读习惯，提高其整体思考、综合判断、以小见大的逻辑思维能力，对其日后的综合发展会大有裨益。

一、中学语文整本书阅读教学的重要意义

"整本书阅读是一种比较新颖的阅读模式，就是从整体上阅读分析一整本图书或者一系列图书。"[①]

作为中学语文教育者，在语文教学尤其是阅读教学中，不能仅仅采用以

---

① 徐慧.试论整本书阅读教学 [J].中学语文（下旬·大语文论坛），2022（1）：39.

往的传统教学模式，而是要注重"整本书"的语文阅读模式的改变和创新，增强学生对语文的阅读兴趣，提高学生整体阅读、系统思考的能力，以此全面提升中学生的语文素养，促进其综合能力的全面发展。中学语文整本书阅读教学的重要意义主要表现在以下方面（图3-3）：

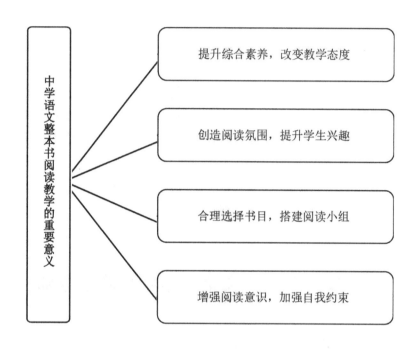

图3-3　中学语文整本书阅读教学的重要意义

（一）提升综合素养，改变教学态度

中学语文学习能力不同于其他学科，它与个人的逻辑思维能力、言语表达能力、独立思考能力、情感判断能力等都有紧密联系，所以语文学习对个人的成长发展具有重要的影响。因此，语文需要具有综合素养和多种能力的教师，但是，个别语文教师的教学素质不高，文学修养也不够，在进行整本书的阅读教学时，往往会出现自己没有通读全书的现象，这样的教师无法对学生进行良好的语文阅读教学指导。因此，教师需要改变自己的教学态度，以认真负责的态度做好课前备课，以积极主动的态度进行课堂教学，以任劳任怨的态度进行课后反馈。同时，教师还需要提高自身的文学素养和教学技能，需要经常阅读名家著作，提高自身的文学内涵和素养。教师还应当积极学习其他优秀教师的教学策略，以弥补自身在教学方

式、教学手段上的不足。

此外，教师需要明白在中学生的语文整本书阅读教学中，教师只是作为引导者的形象出现，其目的是使学生获得良好的阅读体验，提高语文学习技能。教师需要明确，教学的主体是学生，受众也是学生，只有了解学生需要怎样的语文阅读，才能及时调整教学策略，为其提供适合的、有效的语文阅读教学模式。因此，教师需要积极地了解学生的所思所想，把学生的教学需求作为调整方针，设计符合学生现阶段社会需求和心理需求的阅读教学模式。

随着时代的发展，传统的阅读教学模式已经不能满足教学发展需求。如何进行整本书的阅读教学，已经成为当代语文教育工作者所思考的问题。因此，教师需要为学生营造良好的阅读氛围，以提高其阅读兴趣，在明确阅读动机的基础上对其进行自我约束。同时，教师需要合理选择学生进行整本书阅读的图书书目，以防止学生浪费不必要的阅读时间。此外，教师还需要提高自身的教学素养和文学内涵，不断学习语文阅读的教学技巧，同时以学生需求为主题调整教学策略和教学手段，以此提高学生的语文阅读能力和综合素养。

（二）创造阅读氛围，提升学生兴趣

对于中学语文教学而言，只有不断激发学生的学习兴趣，才能将语文教学落到实处、落到深处。尤其是对于语文的整本书阅读教学来说，阅读教学更要激发学生对于阅读的兴趣，才能使学生的阅读能力、阅读水平得到质的提升。但是，由于学生正处于一个全面学习的阶段，其可供自我支配的时间较少，阅读时间也会被一再压缩，而且网络等的出现，也会导致学生的语文阅读受到一定阻碍。在这种情况下，如果要提高学生的阅读能力，就要培养学生对语文阅读的兴趣，只有使其真正喜爱语文阅读，才能进行课后整本书的阅读。因此，教师需要积极宣传语文阅读的重要作用。

拥有良好的阅读习惯能够为学生指引人生方向，对其日后的长远发展大有裨益。教师可以建立读书角鼓励学生进行课后阅读，也可以定期举办一些读书分享会，帮助学生进行读书心得的交流讨论，通过在班级营造良好的阅读氛围，来提高学生对语文阅读的兴趣，从而发挥其主观能动性，自发地进行语文整本书的阅读。

（三）合理选择书目，搭建阅读小组

中学语文教师在进行阅读教学时，需要明确自己的教学目标，这样才能有效地帮助学生提高自己的语文阅读水平。教师需要明确的是在进行整本书阅读教学时，一定要对书目进行选择，并不是所有的书籍都适合中学生进行整本书的阅读。对于有些书而言，中学生只需要通过阅读其序言、目录等内容来对整本书有一个大体上的了解即可，这样既能节约阅读的时间成本，又能够锻炼学生的逻辑思维能力。同时，对于一些较为高深的图书而言，由于其理论性较强，而中学生的理解能力和社会阅历都还不够，也不需要其进行整本书的阅读。因此，教师需要对图书进行适当的选择，如一些情节性较强，同时具有一定逻辑性的书籍比较符合中学生的阅读层次，这样既能帮助其培养对语言文字的感知能力，又具有趣味性，便于进行整本书的阅读。

教师还可以通过建立一个小组进行阅读成果的检验。通过小组内部的讨论，学生可以知道其他同学对于这部分内容的见解和看法，既能弥补自身思考深度和广度的不足，又能锻炼自身的言语表达能力和人际交往能力，促进其综合素养的全面提高。

（四）增强阅读意识，加强自我约束

对于中学生而言，以一定的动机来驱动他们进行学习往往会有较好的效果。但是，教师需要明确，这样的动机必须是来自学生本身自发产生的内生驱动力，才会对其目标的达成有良好的效果。因此，在对中学生进行阅读教学时，可以使其明确和强化动机，来实现自我满足和自我升华，从而真正地去喜爱阅读，热爱阅读。首先，教师可以让学生自我选择图书，在满足其阅读兴趣的基础上，提高其阅读量和阅读时间；其次，教师也需要让学生明确阅读能够为其长远发展所带来的益处，在强化阅读意义的前提下让学生积极参与和阅读相关的活动，以此来增强学生的阅读意识。

此外，"整本书"的阅读教学模式强调的是对于一本书的整体阅读，通过对书籍的整体阅读，形成对该书的全面理解和深切认知。但是由于一些中学生的自制能力不强，各种诱惑因素又较多，所以会导致中学生在阅读的时候很容易受其他因素的影响，难以持之以恒地读完一本书。因此，教师需要在强化学生阅读动机的基础上，加强对学生的约束，防止学生在阅读的时候出现半途而废的现象，并帮助学生培养其对阅读的耐心和信心。

二、中学语文整本书阅读教学策略的实施

（一）基于关联理论的整本书阅读策略

1. 关联理论与语文阅读教学间的联系

关联性即读者在阅读时感到亲切，易于接受、乐于阅读的特质。人们认识客观事物，总是遵循由个别到一般、由具体到抽象的规律。中学语文教师在进行文本分析时要尽量具体生动，要把理论和形成理论的具体材料一同告诉学生，让学生和作者一起经历由具体到抽象、从材料到观点这一认识过程，绝不可仅仅把抽象的结论告诉学生。作者写作是要作用于读者的。排除在阅读过程中的语言障碍，创造语言表达的亲近感，增强可读性，是文本分析的重要前提。当然，对于文章关联性的理解也不应绝对化。有些内容艰深或专门性较强的文章学生可能读不懂，但并不能说这些文章就与学生毫无关联，没有可读意义。

站在教师的角度，最终目的就是理顺作者和读者的关系，缩短学生和作者之间的距离，以使学生能从那些若隐若现的思路中辨析每个语义，进而领悟出其中的真正含义。因此，在教学过程中，教师要以学生为主体，帮助学生在知识迁移的过程中完成知识体系的建构，同时要从学生的角度出发，尽量考虑学生的认知和接受水平，以增强学生的阅读体验。特别是对一些含义深刻、视野宏大、表达形式独特且具有真知灼见的著作，在学生读不懂、理解不了的时候，教师就要加以引领，使学生在教师的提示下一点一点地体会作者的深刻用意，在教师的指导下一步一步地打开思维的边界。因此，教师的指导非常重要，应尽可能地为学生创造读者语境，以使学生能更真切地体会到读者的感受，进而克服阅读障碍。此外，在引导学生的过程中，教师也应增强读者意识，通过学习不断提升自身的文本分析能力，以更好地引导学生。

2. 关联理论下阅读教学文本分析的可行性

（1）关联理论与课程目标、学科课程性质的"关联"

中学语文通常作为语言文字、语言文学、语言文化的简称，是中华民族语言文化传播的最主要途径，肩负着永久传承的重要使命，它的地位和作用、价值都无可替代。学习汉语不仅可以提升自身的语言素养，也会对进一步领悟和感知中华民族的千年文化产生影响。因此，学生要广泛阅读那些优美且

富有内涵的文章作品，以期自身的语言理解能力在阅读的过程中得以培养，能把作品中思想魅力、美学体验、艺术品质等通过深入阅读，细嚼慢咽地领悟出来。此外，学生在阅读时，要坚持主动性阅读和体会，以此更好完成独立性思考能力的锻炼。站在自己的角度去感悟作品的内涵，这样学生才能形成自身的价值观和世界观。学生在阅读的同时，也是在自我完善、自我塑造、自我砥砺。

中学语文除了是学习语言的课程外，还是感悟人文色彩的一种方式。在语文教学中，阅读教学一直都是很重要的一部分内容，阅读教学的性质和语文课程的性质相差无几，它们互相协调，彼此成就。语言学习的形式是语文课程，从语文课程设置中可以看出它的工具性特性体现得淋漓尽致，学生语言知识和言语技能的学习与训练都可以从语文教学中获得成长；但是学生对语文中人文色彩的感悟则是在学习过程慢慢积累的，从而让自己的精神世界富足起来。在语文教学中，经常会用到关联理论，关联理论指的是研究文本的同时要结合当时的社会文化和认知背景，再对作品进行分析，把作者所隐含的写作意图挖掘出来。

把关联理论融入语文阅读教学中就是为了让学生对作品有更加深刻的认识，教师会把当时的社会背景、当时人们的生活状况等介绍给学生，方便学生更好地去体会作者所表达的思想和写作意图。但是这和传统教学的理论观有所区别，它在言语内容上的局限比较小，在言语形式教学上的理念更加突出。关联理论运用的目的就是让学生从作品中去发现和探索文本中人物的感情以及对作者的写作意图进行准确的把握。在阅读教学文本分析中，关联理论的应用可以让语文课程中的工具性质与人文性质更好地融合，让学生的文学知识积累可以快速地增加，也促使学生对文学作品中的内隐情感和内在逻辑分析的能力实现质的提升。

（2）关联理论与学生语文素养培育目标的"关联"

新课标教学理念认为审视内容与形式的关系之前应该先培养学生的语文素养，让学生全面地发展，此外，也可以从文本中的语境特点出发培养学生的语文素养。语文课程标准中就对如何提升学生对文本的理解能力、对语文的应用能力、发掘文本语言魅力的能力等作出强调，目的就是让学生独立探索、思考的综合素质以及综合的文学素养可以从整体有所提升，从而让学生对语文一直保持浓厚的学习兴趣。

在新课标的要求下，语文阅读教学近年来在定位方面也发生了较大的转变。现阶段的阅读教学和传统的阅读教学之间的差异性越来越大。在教学中更加重视学生对文本的把控能力和理解能力的培养，在引导学生分析文本时从多元角度入手，让学生对文本解读的个性化认识得到培养。学生在传统阅读教学中，需要教师牵引着学习，教师在教学中充当了文本解读的主体，学生所学到的都是教师分析的结果，这样的教学模式无法让学生的个性化认识得到发展和培养，学生学习到的就是固定的思维模式，只能达到应试教育的学习目标，学生的自主学习能力、理解能力都无法得到很好的培养。在这样的环境下，学生只是学习的机器，更谈不上全面发展，同样，教师也没有扮演好"引导者""领路人"的角色。

关联理论在阅读教学中的融入是为了让学生在文本中的学习视野得以打开，但是单靠一篇文本往往不够，解读文本时应该从历史关联的角度出发，同时，还需要把它和同一时期的作家与著作进行比较，与他们进行时空对话，以此获得情感上的深层感悟。因此，教师为了达到新课标的要求，应该在自身的教学理念中融入关联理论，在进行阅读教学时应该把学情作为重点，通过一篇文本引导学生去关联时代语境、历史语境，对文本关联的社会背景和历史背景有一定的了解，这样学生素养的全方位发展才能立体起来。

（3）关联理论与阅读教学目标的"关联"

语文教学标准从三个方面提出了教学目标，即知识能力、学习与方法、情感态度价值观。在校园中，所有学生的知识水平和能力都有一定区别。在阅读教学中融入关联理论就是为了让目标能够更有效地落地，让学生的思考视角不再被限制。从关联理论角度来看认知语境，心理认知的动能过程就是认知，认知的假设就是产生语境的假设。两个人之间之所以发生交际，是说话人的意思听话的人可以听懂，能够揣摩透说话人所要表达的意思。说话人和受话人之间要想实现友好的交际，那么两个人不管是知识体系还是理解能力都应该相差不大，这样开展语境假设就会变得容易许多。由此可见，开展阅读教学的关键所在就是对认知语境的构建，想要激活学生的认知语境就需要先给学生假设一个和作者可以隔空对话的交际语境。所以，阅读教学不仅需要认真审视，还应该注意三个方面：①不要盲目地制定教学目标，应该先立体观照学生的认知水平和理解前结构；②根据学生对阅读的理解层次来制定不同的教学目标；③对教学水平和教学质量进行评级，查找不足并提出补救措施。教学活动在开展的过程中要有技巧地完成不同层次的教学目标，这样所有学生的自尊心和兴趣都可以照顾到，让每个学生都可以获得成长。

（4）关联理论与阅读教学文本分析实施过程的"关联"

第一，分析学情，适合学生的认知规律。一个人在构建知识体系的同时，综合能力也在提升。综合能力就是人们日常所说的认知水平，它在人们思想形成方面有着绝对的影响，涉及的层面也非常多，其中包括思维想象力、记忆能力、语言表达能力等。教师在选择阅读教学内容和确定教学方式前，应该先对学生的认知能力有准确的定位，根据学生的不同层次制定对应的教学目标，这样教学目标和学生的认知水平就会处在同一个层面上，教师在教学的过程中，可以照顾到全部的学生，学生在学习中对知识的需求也可以得到满足。

在选取教学内容时，首先要考虑其内容对学生的身心健康发展有没有帮助，其次看是否有助于学生语文整体学习能力的提升。阅读教学理念在新课改后有了很大的变动，理念中指出阅读教学在开展的过程中一定要以学生为主体，要根据学生的认知水平去选择合适的教学方式。在传统的阅读教学中，学生的需求和认知水平并没有被充分地考虑进去，只是按照应试教育的模式对学生进行教学，关注的重点也只是放在学生如何可以取得高分上面，但是这样的观念和教学方式对学生的语文阅读能力培养起不到太大的效果，更谈不上整体效果的提升。学生受年龄、生活经历、阅读方式的影响，必然在知识水平上存在一定的差异，因此只有根据学生的需求去选择教学方式，教学的效果才能有效地提高。对学生的自主学习能力和意识的培养是语文阅读教学的重点内容和关键部分，阅读教学理念在新课改中要求学生在义务教育结束时，语言能力和文学素养要达到一定的标准，所以学习语文主要是培养学习的兴趣，让学生可以根据自己的兴趣有选择地学习。值得注意的是，中学生无论是认知水平、生活阅历，还是阅读体验都有了一定的基础，文学鉴赏能力和知识储备也在不断地提升，学生可以自主阅读，在没有教师引导的情况下，也能够很好地解读文本内容，让自身的阅读能力得以提升，阅读体验也变得越来越丰富。

关联理论的应用就是为了让中学生在阅读文本时能和文本相关联的认知环境建立联系，让学生可以对文本有更深层次的分析和推理，锻炼学生自主学习的综合能力，在感悟语言魅力方面可以多角度、多层次地揣摩，让自己的自主阅读体验更加丰富。此外，为了培养学生的自主阅读能力，不仅要考虑学生的认知水平，还要融入更多的实践应用以及其他新理论，这样教师才可以游刃有余地进行教学。关联理论满足培养学生自主阅读方面的要求，在教学中，除了考虑学生的认知水平，还要对学生的抽象逻辑思维能力和形象逻辑思维能力适当进行培养和锻炼。

第二，价值重塑，课程内容组织要求的写作学习、阅读学习以及交谈学习是新课标对语文学习提出的三个要求，它意味着学生要通过语文学习不断地积累词句，同时用最少的词句构建出段落，而文本就是实现该技能的载体。因此，初中教学的重点不仅包括文本的阅读分析，还包括日常口语交际。在阅读和分析文本的过程中，必须要求学生独立地阅读和思考，让学生可以通过文本语境推测出作者的真正用意，同时分析文本中的语句，充分感受语言的魅力。在阅读过程中，教师可以要求学生按照明示推理模式对文本内容进行分析和推理，站在读者的角度去推测作者真正的用意。此外，学生在文本分析的过程中也要遵循关联性原则，但是不同的读者会在学习能力和生活感悟上存在差异，所以他们会从不同的角度去理解文本的内容和作者的用意，不过这正好与新课改所倡导的学生要具备多元化和个性化的阅读能力相符。在根据明示推理模式分析文本时，教师应为学生营造独立的空间，让他们尽情地去思考，同时要对学生作出的文本分析给予足够的鼓励和尊重。

第三，探寻理论，明确阅读活动参与主体及相互关系。阅读教学活动的主体既有教师，又有学生，阅读同样是一种交际活动，只不过它跨越了意识形态，读者的知识结构、社会经历、阅读体验以及生活阅历都与阅读体验有着密切的关系。从关联理论中可以发现，创作者、教师以及学生都是阅读的交际主体。阅读活动中产生的明示—推理行为会涉及两个环节，在第一个环节中，教师要先体会创作者要表达的交际意图并对其进行推理，在推理过程中，教师不仅要遵循关联原则，还要结合文本的语境。可见，推理创作者的交际意图是该环节的重点所在。在第一个环节结束之后，教师就要开始第二个环节。此时教师要转变角色，从受者变成授者，教师要向学生传递自己在第一环节中体会出创作者的交际意图。

因此，中学语文教师在阅读教学活动中有两个角色，即交际人与接受者。教师要按照关联原则不断地推理文本，充分理解文本。此外，教师还要将创作者的意图传递给学生。教师和创作者都有属于自己的阅读经验与认知结构，因此他们对于语境的理解是存在差异的。学生与教师和创作者也有着完全不同的阅读经验与认知结构，所以学生会在推理文本的过程中从自身的阅读经验与认知结构出发，尽自己最大的可能揣测创作者的意图。在这个过程中，教师与学生会在明示—推理交际行为上出现叠加，进而产生新的推理。由此可见，创作者、教师和学生三个阅读活动主体会对文本有不同的解读。在阅读教学时，对创作者和学生作出的个性解读，教师要给予足够的尊重。此外，教师还要向学生传递与创作者意图相符的文本解读。

（二）基于交互决定理论的整本书阅读策略

交互决定论是美国心理学家阿尔波特·班杜拉社会认知理论中的一个理论观点，与整本书阅读教学存在诸多契合点，其完整的体系也为整本书阅读教学的研究提供了相对完备的理论框架。交互决定论观点认为，在社会学习过程中，个人认知、行为和环境三者是彼此联结、相互决定的。班杜拉创立了交互决定论模型，该模型包括三大要素，即行为、环境和个人认知。依据交互决定理论，整本书阅读教学应努力推进个体、行为和环境三者之间的互联，切忌人为地将三者割裂开来审视，否则将会影响整本书阅读教学的深入发展。在整本书的阅读教学活动中，教师要优选教学方式，从而更好地激发学生的阅读兴趣，要给予学生适当的评价，从而维持学生良好的阅读信念。学生阅读策略的改变影响着教师的阅读指导行为，教师在不同的阅读环境中需要采用不同的教学方法，这都是交互决定理论带给本书的启示。同时，交互决定理论又为整本书的阅读教学提供了一个极佳的研究角度和理论框架，使得以往零散化的相关研究有了一个体系化的视域。

教育者除了要深入地探索和研究整本书阅读具备的教学价值外，还要将其与实践相结合，从理论和实践两方面对当下的语文整本书阅读进行指导，从而将整本书阅读的价值充分发挥出来。基于交互决定理论的整本书阅读策略如图3-4所示。

1. 激发学生的阅读兴趣与期待

（1）强调阅读主体性，使阅读意向指向清晰

第一，教育者要始终明确学生才是整本书阅读的主体，进而充分发掘学生的阅读兴趣。既然学生是整本书阅读教学的主体，那么教师就要以学生的阅读意愿为主，让学生可以自主地选择喜爱的书籍。因此，在整本书阅读书目的选择上，教师不可以过多地干预学生，更不能代替学生作出选择，教师要让学生根据自身的阅读意愿自由地选择书籍。学生只有真正地喜欢与之相关的知识，才能真正地投入整本书的阅读中去，才能不怀着抵触的情绪去阅读。若是教师非要将学生不感兴趣的书交给他们阅读，就容易让学生出现逆反心

理，降低整本书阅读的价值。

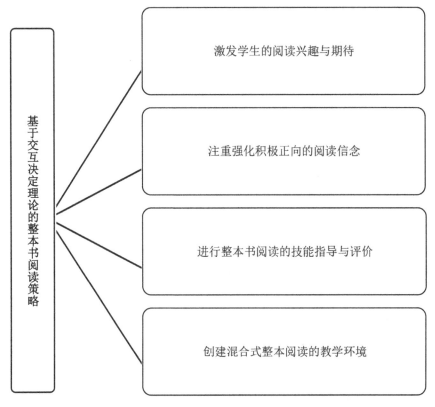

图3-4 基于交互决定理论的整本书阅读策略

第二，教师也应对学生所选择的书目进行把控。在选择阅读书籍的过程中，虽然教师要以学生的阅读意愿为主，但并不意味着教师可以任由学生选择。因为各类图书不仅内容庞杂，数量也多，质量更是参差不齐，所以教师要为学生推荐那些符合他们当前认知水平以及有利于他们成长的书籍，对学生选择的书籍进行严格的把控。可见，以学生的阅读意愿为主并不意味着教师要对学生放任自流。当学生利用课余时间阅读时，教师和家长既不能严格规定学生所用的阅读方法，也不要对学生的阅读进度有过多的干预。只有让学生用最适合自己的方法、速度和策略去阅读，同时始终处在自由和放松的状态里，才能激发他们的主观能动性，让他们在整本书阅读教学活动过程中认真听取教师的指导意见。因此，在选择阅读书目和阅读方法的过程中，教师要在体现学生主体性的同时给予学生相应的指导，最大限度地提高学生阅读的积极性。

（2）明确整本书的阅读目的，激发深层次阅读兴趣

中学生的阅读范围在单一化的阅读喜好下无法扩大，所以，教师要让学生充分了解整本书阅读的真正目的，从而不断扩大学生的阅读范围。

第一，通过对书籍多元化的介绍，扭转学生的排斥心理。很多学生只有对一本书感兴趣时才会去阅读，对于不感兴趣的书，他们常常会有排斥的心理，这会给学生的欣赏水平、知识结构等方面带来不利的影响。中学教师除了要尊重学生的阅读兴趣外，还要认真思考怎样才能让学生阅读那些他们不感兴趣的书。教师可以将该类图书详细地介绍给学生，让学生观看作者的纪录片或是阅读一些经典书评，进而让学生对自己不感兴趣的书萌生出一定的好奇心，然后在好奇心的驱使下去阅读。

第二，引导学生明确整本书阅读的目的，使学生形成持续的广泛阅读兴趣。通过调查可以发现，"减压""休闲"才是众多学生阅读的意义所在，因为学生在当下背负着巨大的升学压力，需要通过课外读物释放压力。所以相比于那些严肃、学术性强的书，学生更愿意选择阅读那些轻松、娱乐的书，这就意味着教师要对学生进行相应的引导，让学生的阅读目的从"减压""休闲"逐渐扩大到"提高艺术品位、拓宽知识面以及提升文化修养"上。当学生确立远大的阅读目标之后就会自觉地扩大阅读的范围。为了让学生的阅读兴趣逐渐深入，除了要增加学生的阅读目的，还要为学生提供与之相对应的书籍。

2. 注重强化积极正向的阅读信念

（1）以信心与能力为支撑，增强阅读的自我效能感

第一，作为中学语文教师，要能够及时发现学生关于阅读方面的自我效能感。当学生阅读全书时，有的同学非常自信，这些同学之前阅读全本书的时候都很顺利、欢快，而且他们具有较强的阅读全书的能力，也可能是自我感觉拥有强大的阅读能力，这也是阅读自我效应感比较强的表现，这些学生拥有较强的阅读信念，也就会更容易进入阅读状态，顺利完成全书的阅读。也有一些同学，他们的自我效能感比较低，对要阅读的书没有太大的信心，不能确定自己是否可以顺利完成阅读。主观上的不自信，主要是因为他们在之前阅读时产生的不愉快体验，觉得自己没有完成整本书阅读的能力。这也会造成一定的恶性循环，缺乏阅读的动力，在阅读时，很难产生愉悦的心情，就容易越来越消极。所以说学生自我效应感的强弱，是阅读培养的基础和前提。

第二，自我效应感不强的同学，要有针对性地提高他们的心理疏通能力。

阅读的自我效能，受多方面因素的影响，例如，学生个人的性格因素，学生之前的阅读体验，还有对自己阅读能力的估算，外加所阅读书籍的难易理解程度等。作为教师，需要能及时了解学生的阅读情况，对阅读效能感低的同学，关注两方面：①心理的疏导；②能力的提升。例如，当学生遇到陌生领域的书，就会无形地产生一定的畏惧心理，这时候阅读自我效能也会跟着下降。教师可以在学生阅读时进行专业的引导，使用正确的阅读方法，在某种程度上减轻学生对不同专业知识内容的胆怯心理；减少一定的心理障碍后，再对学生进行有针对性的阅读指导，提高学生的阅读能力，这样才能有效地增强学生的自我效能感。

（2）激发学生的质疑精神，培养批判式的阅读信念

除了上文提到的一些影响因素外，作者所表达的信息是否可靠，也会对学生的阅读自我效能有一定的影响。若学生十分信任作者，在阅读时就会减少信念，在他的潜意识里，就觉得自己的认知不能跟作者相比，以至于在一定程度上让自己对作品的创新和质疑受到阻碍。

第一，要先让学生了解作者，最好能够深入全面地对作者有所认知，了解他的学习经历、工作成就、获取的荣誉、生活过往以及性格特点等。教师不一定要把这些都讲给学生听，可以让学生通过闲暇时间，自己去翻阅资料自行了解，并且在对全书的阅读教学中，穿插讲解。跟传统意义上的介绍不同，对作者的了解过程一定要明确一点，就是需要理性地、客观地去认识作者。在初中时期，学生阅读的书籍一般都是经典名著，作者本身就有很大的权威性和知名度，如果刚开始阅读，就顺着作者的思维走，接受他所传递的观点，就不能对文中存在的疑点提出质疑，在此种情况下，阅读不仅无法打开学生的思维，反而还会产生思维判断的桎梏。

第二，在阅读时，中学语文教师要能对学生进行引导，主要是告诉学生如何理解作者的观点，这个观点的形成具有怎样的历史背景和现实意义。时代具有局限性，学生阅读全书的时候要能意识到作者表达的观点，在特定的历史背景下是正确的，但如果将这个观点放在当下社会来看，它们是否还成立、是否还有价值等。给学生灌输上述思维模式，使他们形成一定的判断力，具有批判的精神和独到的见解，让学生的阅读自信得到提高，勇于将自己所储备的知识与书中传递的观点做对比，取其精华，去其糟粕，形成属于自己的一套独特见解。

3. 进行整本书阅读的技能指导与评价

在阅读时，中学语文教师的作用十分重要，要能够深入地与学生进行交流，如此才能更好地发挥阅读的价值。因此，主要从三个方面探讨阅读教学行为的实施路径：①要选取合理的阅读方式；②加强学生收集信息的能力和处理问题的技能；③使用客观理性的评价原则。

（1）开展整本书阅读的技能指导

第一，找到合适的阅读方法。首先，先让学生对不同的阅读方法有所了解，确定它们具有哪些特点和适用于哪些书籍。对于全书阅读，一般采取的是略读和精读两种方式。顾名思义，略读就是大概地阅读，不需要逐字逐句，也不用对细节过于分析纠结，了解文章主要内容、抓住要点即可，这个阅读方式的优点在于能够提炼出文章的主旨，提高阅读效率，减少用时；精读就要认真细致地来阅读，了解每字每句的意思，切实地对文章进行深入理解和分析，精读势必要花费读者更多的精力，也要保证有充足的时间。其次，帮助学生找到合适的阅读方法。通过教师的引导，学生在阅读全书的时候，能够运用不同的阅读技巧，这样不仅可以提高阅读质量，也能使得阅读的速度有所提升。全书通读下来所需时间虽然比较长，但也不能一直采用略读的方式，全篇都略读，很难把握书中的重点和细节，会导致阅读的质量降低；但一直精读也不行，时间上会有压力，阅读的效率会降低。例如，著名文学作品《红楼梦》里有一个选段是《刘姥姥进大观园》，教师带着学生对此段进行精读，学生不仅对人物形象有清晰的认知，还可以通过细致的阅读，在脑海里描绘出贾府里富丽堂皇的景象。如果只对这一段精读，不过是一隅之见，《红楼梦》里的故事人物极其丰富多彩，这就需要教师引导学生对全书采用精读和略读相结合的方法，这样不仅可以减少学生阅读所用的时间及精力，还能让学生体会经典著作的魅力。

第二，提高收集信息和处理问题的能力。有时候学生只是把书通读完，并没有汲取书中的精华，这时候就要通过不间断的积累和整理，把书中的精髓吸收消化成自己的知识。因此，在阅读全书的时候，教师需要对学生收集信息和处理方面的能力进行指导，让学生逐渐学会做好阅读知识的积累。学生在阅读的时候，还可以根据自身阅读的目的将有价值的内容摘录下来。因为很多学生阅读时也会摘抄，但是他们通常是盲目地摘抄，并不能对阅读全书起到怎样的价值，还浪费了不少时间和精力。所以，学生在摘抄时，一定要有明确的目标，要抄哪些类型的内容，要做哪方面的积累等，确定了自己摘抄的目的，才能将摘抄的作用发挥出来。同时，也能更深入地了解作者的思想，更好地理解全书。

（2）建立整本书阅读的评价机制

第一，选择适当的评价。对于学生的阅读质量，中学语文教师在评价时应该注意三个方面：①是否能坚持发展。教师不能只在意学生是否完成阅读，还应根据学生原来的阅读情况进行综合评价，看是否有进步。②要能坚持主体性。学生才是阅读全书的活动主体，教师要能发挥在教学中的指导作用，但也要注重学生的主体作用。③坚持模糊性。因为每个学生都有自己的特点，他们的情况存在差异，所以需要因材施教，教师评价时要结合学生阅读的进度、效率、成果和方法等，这样才能全面地提升学生的阅读能力。

第二，对阅读主体评价应该遵循多元化的原则。评价不能单一地由某一类人作出，需要多方面去综合，如教师的评价、学生的自评、家长的评价、同学之间相互的评价，将这些评价结合在一起才更科学。教师的评价最具指导意义，能够对学生阅读的方法、质量、专业情况作出指导，切中要害，让学生的阅读水平能够提高。学生自评，让学生在阅读的某一阶段或全书阅读完成后，根据自己的阅读情况进行总结，找出不足之处，也发现自己的优势，让阅读成为自主行为。家长评价，对于学生的阅读评价，家长也要参与其中，家长要能发现学生在生活中的阅读习惯，适当的时候起到督促作用。同学互评，学生阅读时，往往会展开讨论，在一定程度上表达自己的见解和观点，这也能够让同学之间互相学习，更好地完成阅读。

4. 创建混合式整本阅读的教学环境

混合式学习与整本书阅读的属性存在较多的契合点，混合式学习是在互联网背景下产生的一种学习模式，强调不同学习方式的交互。运用混合式学习模式的整本书阅读不只在课堂上进行阅读和讨论，而是将阅读延展到家庭、社会等任意空间当中，并采用在线互动的学习方式将不同的空间互联，形成灵活高效的整本书阅读空间。

（1）创建在线互动环境，为中学语文课堂教学奠定基础

学生在开展整本书的阅读课堂教学计划前要做一些准备工作，如创建在线互动环节，为课前准备活动提供便利，从而顺利地开展课堂教学。

第一，学生应自主把控整本书的阅读进程。可以不要求学生的阅读时间、进度和地点等，从而让学生拥有更多选择读物和阅读时间的自由，这对激发

学生自主阅读的兴趣非常有利。

第二，教师要给学生设定阅读任务。尽管线上环境可以给予学生把握整本书阅读进度的自由，可这也不是说学生可以漫无目的地阅读。教师需要基于学生的阅读水平和选择的书籍等因素来提供必要的指导，以便促进学生顺利地完成阅读任务。比如，可以要求学生收集和整理书籍作者的相关信息；标注和摘抄好词好句；将阅读感触予以记录；制作重要篇章和整本书的思维导图；归纳和点评作者的观点等。

第三，教师需要为学生提供支架性材料。学生为了能够深入地解析读物中的某一个具体问题，就需要掌握很多的相关资料。但是学生受阅读时间和阅读视野的制约，其相关资料往往是无法全部获取到的，为此教师要为学生提供一定的精选资源，为学生任务处理和问题解决提供支架作用。

第四，在线互动与交流。学生可以将自己的阅读心得、观点、问题以及感触发布到平台上，从而获得和教师以及同学交流和互动的机会。在线互动交流的目的是让学生可以自由地表达自己的见解和看法，促进学生交流表达欲望的激发，充分做好课堂讨论的准备工作。在线交流环境没有时间和空间限制，从而更好地让学生表达观点和提出问题。课堂时间毕竟有限，不可能让每一个学生都进行观点表达，而在线互动也有效解决了时间受限的问题，为每一个学生充分表达自己的意见和观点提供了便利条件。

（2）创建中学语文课堂教学环境，对在线成果进行深化

在整本书阅读活动中，一个很重要的环节便是课堂教学，其主要开展方式就是活动。通过前期在线阅读，学生基本上已经完成所选书籍的阅读任务，并初步理解和掌握了相关的问题，同时也已经和同学、教师进行了交流和互动，所以很有必要创建整本书课堂教学环境，并要求完成方法指导、章节赏析、问题研讨、成果展示等各种相关的活动，这样才能深化在线教学成果。

第一，教师对阅读方法予以引导和指正，即以学生选择的书籍类型和学生需求为基础，对整本书的阅读方法和策略加以介绍。学生在线阅读的过程中可以挑选自己喜爱的书籍；教师要根据学生的选择进行书目归类，针对不同的书籍类目介绍阅读方法。

第二，帮助学生完成章节赏析。开展章节赏析活动过程中可以不按章节顺序，一般先挑选出较为经典和具有代表性的章节，按照一定的阅读方法带领学生阅读，并深入地解析章节具体内容和文体等。

第三，要求教师带领学生完成问题研讨任务，这是中学语文课堂的一个

重要组成环节，主要是针对在线互动交流中最富争议和最为关注的问题进行讨论的过程。一般可以采用小组讨论的形式，这有利于学生"自主、探究和合作"地完成整本书的阅读。

第四，激发学生成果展示的兴趣。成果展示是学生展示和交流阅读成果的过程，既可以对整本书进行成果展示，也可以对某一个阅读阶段进行成果展示，这一环节有利于学生阅读成果展示欲望的激发，能够加强学生之间的相互学习效果。

（三）基于语文课程的整本书阅读策略

1. 整本书的名著阅读

理解名著概念应该把握四个要点：①名著具有深大厚重的特点，其刻画的主题、传达的思想往往不容易被理解；②名著具有时代特征，提及了人类生存的基本问题，是生命张力的体现；③名著具有无穷的魅力，能够战胜时间、超越国界，深受各国读者的欢迎；④名著是智慧之源，读者通过阅读名著能够获得丰富的生命体验，能够启迪心灵、增长智慧。

名著阅读是指阅读的对象为经典的著作，与整本书阅读有很大程度的关联性。例如，阅读的对象都是整本的书，但两者之间存在差异，属于包含与被包含的关系，整本书阅读范围大于名著阅读。名著读本历来是教材选文的重要素材，其中部分教材中有《林黛玉进贾府》《林教头风雪山神庙》《鸿门宴》等选自经典名著中的段落。此外，人教版专门在必修教材中设立了"名著导读"这一板块来指导学生的名著阅读。但是，目前在学习方式上，更多的还是单篇短章的精读，距离整本书阅读相去甚远。

名著是具有高度典范性和文化蕴含性的作品，整本书阅读以名著读本为对象，能够在一定程度上开阔中学生的眼界，提高学生的审美境界，是书目选择的必然选项。但名著读本难免会因为难度较大而使学生出现无从下手的情况，因此，整本书阅读不妨大胆选用一些深受当代学生欢迎的、涵盖各个类别的优秀作品，这样不仅可以扩大学生的阅读面，开阔学生视野，还可以提升学生学习兴趣，使学生养成良好的阅读习惯。

由于一本书需阅读的内容很多，因此无法都放到课堂上解读，在课下开展一部分阅读是势在必行的，可这有别于正常的课外阅读。课外阅读是对课堂的拓展，需注意：①阅读整本书是在教师的引导下。如今，学生有着很强的阅读意愿，若要提升阅读质量，需要经过教师的指引，让他们知道如何去读，读哪些，不至于失去方向。②阅读整本书也属于课堂的一部分，全书阅读课下板块教师会作出一些规定，如对阅读时间与内容等提出要求：一方面是让学生学习时不迷失方向；另一方面是让教师能够随时掌握学生的学习状况。③学生自身选择课外读物时，大部分倾向于内容较为容易的休闲读物，这类书籍内容简单，既占用了很多时间，又很难做到深度阅读。相反，经过教师的指引，学生所读的书籍虽然难度很大却有益处，能让学生的阅读能力得到明显提高。下面将把名著导读作为案例进行分析。

针对名著进行引导阅读就是名著导读，也就是受教育者阅读名著时由教育者引导。名著导读在语文教学中指的是学生经过教师的引导来阅读名著。名著导读，顾名思义，主要在于学生读与教师导。教师的导可以是引导、指导与教导；学生的读既是文本阅读，也要把感悟与理解读出，亦要把评价与赏析读出。总而言之，名著导读不只是单纯地由学生或者教师一方来实现，它是把教师引导与学生阅读统一的教学形式，学生阅读名著的整个阶段都要有教师的引导贯穿其中。

（1）名著导读下的整本书阅读重点

语文名著导读教学是在一定目的规范下，把教师教与学生学结合在一起的教学活动。同时在整个活动中，教师有组织、有计划地指引学生能动地学习，掌握相关知识与技能，培养出优良品质与美感，让其个性得到发展。在名著导读教学板块，教师教和学生学的知识，学生必须学会的知识与技能，学生身心取得怎样发展，学生塑造成哪种美感和品行等，这些都是定义名著导读教学板块所需探讨与分析的重心与要点。

第一，教师教、学生学的主要内容。在中学语文学科教学中，名著导读教学的内容来源和依据主要包括四个方面：一是必修教材的名著导读模块；二是出现在语文教材教辅中的名著节选或者改编；三是部分选修教材的内容，尤其是选修教材《小说与戏剧》和《文化论著研读》中的名著相关内容。其中，导读模块是引线，节选改编是基础。

第二，学生必须知晓的知识与技能。名著导读在语文教学中要让学生把握的知识涵盖了三个方面：一是解答名著中陈述性知识，这类知识包含内容与作者以及文学常识。名著导读教学过程里主要体现智育的是陈述性知识。二是解答关于怎样学与怎样读这类程序性知识的问题。根据这类知识的特征与性质，可将其分成智慧与动作技能以及认知策略三种。在名著导读语文学科的教学中，学生必须把握的动作技能并不多，主要是让学生了解与学习的是认知策略与智慧技能。而智慧技能又包含理解记忆与分析总结等，认知策略体现在管理资源与时间以及控制与调整阅读名著的进程等。三是身与心发展，辨别美和丑、明确善与恶、树立道德观念。学生的身心发展位于青涩与成熟中间，正是身心发展的关键阶段。名著让学生认识到一个全新的世界，其中的真与假、虚与实、美与丑以及善与恶都可以启发学生去思索、去行动以及去摸索，也推动了其社会与个性化的进程。

综上所述，名著导读语文学科教学过程是指师生把必修类的名著阅读板块、选修类部分教材以及名著教学篇目当作基础性教学板块而开展的较为系统化与合理化的名著学习与阅读的教学活动。在此教学过程中，教师通过不同的教学形式和途径组织与落实名著导读语文学科的教学，让学生在语文运用与审美、探索与研究及其他方面获得知识和技能，进一步促使他们的身心发展，特别是人格与个性的发展。

（2）名著导读下的整本书阅读策略

第一，更新语文名著导读教学观念，正视名著导读语文学科教学的重要性。阅读名著既能提升学生的语文素养，也对学生身心的全面发展具有至关重要的意义。阅读名著并非浪费学生时间，其在提高学生语文学科成绩上有着积极作用，有计划地安排阅读名著的时间，并不会构成平常学习和名著阅读之间的矛盾与冲突，合理地规划好时间，语文学习和名著阅读亦能够相辅相成。由此可见，开展名著导读语文学科教学对学生的发展有着重大意义，教师在名著导读教学中应给予重视，充分落实名著导读教学，使学生通过名著阅读获得身心的全面成长与发展。

第二，转变教师教学角色。长期以来，在教学过程中，教师始终扮演的角色是知识的传授者，授业传道与解惑。因此，课堂中语文的教学一直都是教师在努力地传授与讲解，名著导读教学也是如此。可如今的教育理念是教师作为学生学习的推动者，教师的主要职责不再是传授知识，是要协助学生组织、找寻以及管理知识，并不是塑造学生，而是指引学生。所以，教师要转换角色，由知识传授者身份转变成学生学习的推动者。在从事名著导读语文学科教学中，教师务必改进教学理念，转变角色。在以往的名著导读语文学科教学中，大部分教师只是把名著的基础知识传授给学生，如主题思想与作者、提炼的精华篇章等，主要用意是丰富学生知识面。可如今的教育观念是让教师把学生置于主体地位，指引着学生脚踏实地去发现和阅读，在名著阅读时逐渐增加对名著的认知程度，让学生个性和能力得到全面发展。

第三，革新学生学习观。学生作为学习的主体，要学会阅读与学习以及自我发展。开展名著导读教学，教师需重视学生学习这一主体地位，在学生学习与阅读时不要干预太多。学生个人也要明确自己是学习与阅读名著的主体，自我勉励，不断跟紧教师的脚步，并在教师引导下坚持阅读，选取适用于自己的学习方式，和其他人沟通交流时验证与延伸自己的阅读成果，使自己真正取得进步和发展，学以致用。

第四，完善名著导读语文学科教学设置。名著导读语文学科教学设置是把设置的教学原理应用到名著导读语文学科的教学范围中，所以，名著导读语文教学设置具有系统性，并且是对名著导读语文教学阶段所做的规划，内容包含设定教学目标、布置教学内容、选取教学方式、设置教学过程、安排教学评价等。需要注意的是，由于名著导读语文教学具有长期性、阶段性以及复杂性等特点，因此做教学设计不能仅限于一个，要在不同的教学阶段分别构建相应的设计方案。在学生阅读名著时对学生的学习现状进行分析是开展名著导读语文教学的基础与前提，全面掌握学生学习名著的情况，如学习动机和态度、学习方法与形式、学习成果与困惑等，只有这样才可以把名著导读教学设置得更加合理，更符合学生的实际情况。此外，教学活动的开端与终止是教学目标，这一目标也是教师确定教学内容、选取教学方式、开展教学过程以及安排教学评价的根据，在教学过程中具有引领与评价以及激励等作用，设置名著导读的教学目标是名著导读语文教学设置的重心。

第五，把名著之"名"教给学生，启发他们的阅读兴趣。名著导读语文教学出发点是语文教师把名著推荐给学生。名著推荐指的是教师将某本书推荐给学生，简单地讲解其成为名著的原因，使学生尽快产生阅读兴趣，并引领学生对名著进行阅读。在开始名著导读教学时，教师要给学生正式推荐，使学生知晓名著的价值、阅读的缘由以及如何去读等一系列事项。

第六，安排学生自行阅读，把"悦"读名著坚持到底。学生自发性阅读是名著导读语文教学在教师推荐名著后的第二阶段，亦是最关键的环节，它是名著导读语文教学的重点，既是对教师推荐名著的反馈，也对日后师生进行名著鉴赏与沟通交流的展开起决定性作用。学生能够积极、主动及自主地阅读名著就是自主阅读。阅读名著简介数遍、阅读评论百个，都不如自己切实地把名著通读一遍取得的收获大，对名著自主阅读是学生对名著创建一手资料的过程，意义非凡。自主阅读不只是让学生积极主动地自发阅读，还包含不要让教师干预太多，要给学生自由阅读的空间。所以，阅读名著是阅读，更是一种"悦"读，重视的是作为阅读与学习的主体的学生的体验与感受。名著导读语文教学中的自主阅读阶段重点强调，在阅读过程中，作为阅读主体的学生，教师要充分激发该主体的主观能动性，创造氛围和有利条件以及合适的平台，使学生享受阅读乐趣并爱上阅读。

第七，对名著阅读制订相应计划，指引学生阅读进程。教师引导学生提前做好具体且细致的、切实有效的名著阅读计划，再根据计划按部就班地施行，如此才可以让学生把名著阅读计划落实到位。需要特别强调的是，教师仅仅是给出相应的阅读建议，是否阅读以及阅读多少，取决于学生自身的真实情况。

2. 整本书的文本细读

随着课程改革新理念的提出，文本细读教学逐渐深入语文教学情境中。不同于传统的阅读教学，文本细读是学生通过对题目、语言、结构及辅助材料的深刻理解，从整体上感知课文，全面深入地理解文本，并借助课程资源，在学生的合作探究中，对文本内容加以拓展。在传统的中学语文阅读教学中，教师只注重对课文的写作背景、作者及中心思想的解读，如此，学生只认识到课文的表面内容，而文本细读则是教师根据学情和文本特点，指导学生运用文本细读的科学方法进行阅读实践，以引导学生对文本整体，包括题目及字词句段等，加以琢磨和品味，以全面深入地理解文本。文本细读是立足文本本身的教学方法，其弥补了长期以来传统阅读教学的不足，提升了语文教学的效率。但是要充分发挥文本细读的优势，从根本上改变语文教学的方法，就需要从以下方面着手（图3-5）：

（1）师生要增强对文本细读的认知

在教学活动中，教师起着主导作用，因此，在文本细读教学中，为引导学生对文本细读的关注，增强学生对文本细读的认识，就需要充分发挥教师的主导作用，通过言传身教，使学生在耳濡目染中学会文本细读的方法。首先，教师要重视文本细读，如在教学过程中，紧扣题目，让学生做语义联想、语法分析等，以提高学生积极性，激发学生思考的兴趣；其次，对学生提出明确的细读文本的要求，让学生在满足要求的过程中完成对课文的细读。此外，教师还应向学生推荐相关的阅读资料，拓展学生的背景知识，并在读书笔记上做好积累，在慢慢积累的过程中增强对文本细读的认识。

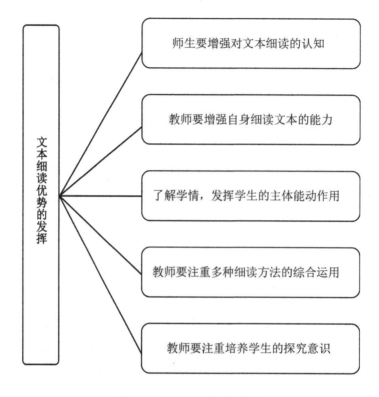

图 3-5　文本细读优势的发挥

（2）教师要增强自身细读文本的能力

要教会学生文本细读的方法，就要求教师先增强自身文本细读的能力。教师要认识到文本细读教学的重要性，即使面对繁重的教学任务，也要抽出时间和精力进行文本细读教学研究。提高教师的文本细读能力，首先，要求教师加强自身的理论修养。教师可通过阅读相关书籍，掌握一定的文本细读理论和方法；其次，教师还可以通过相互交流的方式，彼此分享经验，探讨方法，以共同提高文本细读的能力。此外，教师还可以通过集体备课、互相听课、向优秀教师请教等多种方式来提升自身文本细读教学的技能。教师在教学过程中，可通过向学生传授文本细读的方法，引导学生细读，进而养成文本细读的习惯。

（3）了解学情，发挥学生的主体能动作用

学生是学习的主体，因此在教学过程中，应尊重学生的主体地位，根据学生的认识水平和学习特点开展有针对性的教学，以提高教学效果。文本细读教学也是如此，教师需要对班上学生的阅读情况有所掌握，在了解学生的基础上，开展文本细读教学，学生才能更容易理解和掌握。了解学生，教师要做到三个方面：首先，教师不仅要备教材，也要备学生，了解学生的认知水平，选择针对性的教学内容和教学方法，以提高学生学以致用的能力；其次，有选择地细读某些课文，对于学生已经掌握的知识就不必再重复；最后，教师要因材施教，对于文科班和理科班，学生的语文水平不同，因此教师就要采取不同的措施来提高学生的积极性，通过让学生参与互动，在相互交流中激发学生对语文学科的兴趣，进而提高学生的阅读能力。因此，在文本细读教学过程中应充分尊重学生的观点和感受，解决学生的实际问题，同时教师应保证学生的主体地位，引导学生自行解决问题，提高学生学习的主动性。

（4）教师要注重多种细读方法的综合运用

常用的文本细读方法主要有：对字词句的重点理解、对文本题目及框架结构的细读、了解文本故事情节、阅读辅助资料等。在具体的教学中，教师应根据课文的体裁特点、写作特色等，综合运用多种细读方法，以使学生准确地把握文章主旨，全面理解课文内容，在学习相应知识和技能的基础上获得一定的情感体验，并最终实现教学目标。

（5）教师要注重培养学生的探究意识

在中学语文课堂教学中，学生保持高度的主动性和积极性是影响教学效果的关键因素，因此，应给予学生充足的时间，组织学生进行探究，提高学生的参与度，在探究过程中培养学生敢于质疑的勇气和乐于探索的精神。在教学过程中，教师要重视每一位学生，随堂提问时给学生充足的时间思考，并在学生回答问题时专注、耐心地听，同时针对不同学生的表现给予不同的评价，如对能准确回答问题的学生，教师要表示肯定，而对于不会回答的学生，教师应给出提示，让学生在教师的引导下一步一步给出正确解答，对于不敢回答的学生，教师的重点不在于回答得正确与否，而是要鼓励他们能够表达出来，在学生克服心理障碍，敢于发言后，再向其提出如语言、逻辑等方面的具体要求。教师在教学中充当的是引导者的角色，要善于引导学生进入文本，进而提高学生细读的能力。

（四）基于集体审议的整本书阅读策略

在实际教学过程中，运用整本书阅读策略，需要摆脱"课时观"的局限性，充分反映阅读的整体性。如果按照"课时观"实施整本书阅读策略，则更多是以故事简介为主。整本书阅读策略的教学要求具有"课程自觉""课程化"

等特点，能够长期、有序地安排学习活动，丰富课程资源，支持高效的课堂磋商与监督等，并能够在目的型教学方案的指导下，通过"集体审议"的方式完成整个阅读过程。基于集体审议的整本书阅读策略步骤如下：

1. 师生协商，共同酌定课程目标

实际上，我们可以把整本书阅读的教学实施看作一个微型的课程体系，以课程观进行教学设计，这样就能找到整本书阅读的最佳教学操作路径。这个微型的课程首先要解决的就是目标的确立问题，而目标的确立则是依据课程标准。课程标准给我们提供了以下两个方面的课程规定：

列举了各阶段的阅读书目，提出应该掌握的相关阅读方法和能力，这个方面是相对比较明确的，教师也容易把握。但是大家比较容易忽略的是重要的语文要素、语文学科的素养体系，其可以凝练为语言、思维、审美、文化四个方面的语文核心素养。这里的语文核心素养并不是仅仅针对单篇精读提出的，而是整个语文学习所应当关注的关键品质和能力，甚至在整本书阅读中更需要进一步落实这些核心素养。

从阅读的角度来看，可以重点考查学生的阅读兴趣、基础能力、生活经验等内容。从学生的阅读兴趣和阅读现实出发，作出综合发展与选择，可以增强教学内容的目的性和实用性。为了实现两者的有机结合，可以采用"集体审议"的方法设置课程目的，而"集体审议"则是施瓦布实践课的中心理念，而要达到这一目的，需要进行集体讨论，并确保整个阅读过程都要进行集体讨论。小组讨论是根据实践逻辑和实践旨趣，与课程有关各方磋商和衡量，以围绕课程目标达成共识，这种以小组讨论为基础的课程建设方式，使整个课程更加民主化、科学化，尤其注重培养学生的个体特征与阅读需要。在整个阅读过程中，教学内容由教师和学生之间双向磋商，采用小组讨论的形式，体现课程标准、教材的规律性，尊重学生的个人利益与性格特点，并借助民主磋商流程，确保阅读选题的科学性，从而达到更好的教学效果。

2. 以混合式学习推进课程的实施

阅读作为特定的文化行为，既是一种独特的文化现象，又是一种认识和理解人类社会生活的方式。阅读学习效果的整体推进，不仅要从教育的角度确保课程方案的顺利执行，还应该立足于更大范围的阅读领域，确保混合式学习推进课程的实施。所以，整本书阅读策略的构建，应当从以下两个层面展开：①改变外在的社会环境和文化条件；②改变学生的阅读心

理和阅读行为。

（1）逆碎片化——重构阅读生活的整体性

信息化时代给文化的传播带来了前所未有的巨大变革，从竹简时代走向纸媒时代，再到如今的多介质传播时代，特别是屏幕介质的文化传播使得人们的阅读生活发生了深刻的变化，形成了"碎片化""浅表化"阅读，这也是整本书阅读重要的原因之一。

在信息化时代，阅读媒介的变化既催生了"碎片化"阅读，也成为"逆碎片化"的推手。碎片化阅读可以有效地节省时间，但也存在着一定的负面效应，如注意力容易转移、阅读目标偏离及深度下探受限等，极大地影响了人们的阅读效率，阻碍了信息素养的提升。

为避免中学生产生碎片化阅读的负面效果，就需要教师对整本书的阅读进行课程建构，也就是在课程实施中，实现阅读目标的系统化，将整本书以专题的形式呈现给学生，以保证阅读的整体性，进而促进学生开展深度阅读。阅读对象依赖一定的阅读媒介，但不论是纸媒介还是屏幕媒介，都需要保证阅读对象的整体性，以使学生进行整体阅读。此外，教师还应按照实践模式和实践逻辑，以专题的形式供阅读，专题是教师和学生在课程实施过程中协商的结果，学生在自主阅读的过程中，不论是对课文还是对相关的课程资源，感受可能都是碎片化的，这就需要教师将相关课程资源纳入课程领域，将杂乱无章的阅读转化为专题性的阅读，使学生形成整体性的阅读。

（2）综合学习——整本书阅读策略实施的可能性

为了防止整本书阅读策略在实施的过程中走向混乱，必须借助综合学习寻找图书阅读的平衡点。所谓"网络＋教学"，就是把"线上＋线下"教学和"网络教学"结合起来。在一定意义上，采用这样的教学方法可以在特定的范围内，帮助读者克服整本书阅读策略实施可能遇到的实际应用问题。从整本书阅读策略的实际操作行为分析，可以发现整本书阅读策略的表现形式并非受限于单纯的教室场所，而是课后阅读行为存在着难以被监测、难以引导、学生与教师沟通困难等问题。在网络上建立的学习平台，打破了时间和空间的限制，将书籍的阅读延伸到了家庭和社区，并将分散的知识联系在一起，形成了极富价值的教学资源库。在网络环境下，教师、学生、家长、社区专家都可以参与阅读过程，通过网络开展课堂讨论。在课程构建过程中，教师扮演着课程构建者的角色，将课程构建的各种资源要素、主要成员有机融合，从而使整本书阅读策略能够体现课程的丰富内涵。

以互联网为基础的综合学习模式，能够增进跨媒介阅读与整本书阅读的融通和整合力度，从而丰富学生获得多媒体互动的手段和机会，帮助学生获取更加优质的教学资源，借此实现整本书阅读效果策略的现实效果。以《西游记》为例，教师可以借助电子书、经典电视剧等，完善课程结构，丰富课程资源，提升学生阅读活动与课程体系之间联系的多元化，增进阅读主题与阅读目标之间的紧密关系。

（五）基于召唤结构的整本书阅读策略

下面以文学作品为例对中学语文召唤结构下的整本书阅读进行论述：

1. 召唤结构下整本书阅读教学的意义

在阅读文学作品的过程中，运用召唤结构的理论知识，可以促进学生对整本书深刻意蕴的理解。伊塞尔对文学作品进行详尽分析，形成了独特的召唤结构理论，该理论认为，读者在文本中发现作者的"召唤"是读者读懂作品的必经之路。作者首先通过作品的语言和结构等表达自身的思想情感；其次鼓励读者解读这些语词和结构背后的深意。从伊塞尔的召唤结构理论可以看出，文学作品在各个语义单元间存在特殊的联系，而"小说"则是对"现实"的"模式化"加以否认，此种"内在"的"构造"促使"批判"的"连接""创造性地填补"，并让"文本"中的"参考"指向了"现实"，从而使"读者"在"自我"中理性思考。运用召唤结构理论进行文学写作，能够培养学生的想象力、创造力和批评思考能力。

第一，有利于培养学生的创造力。随着知识经济时代的到来，知识经济的重要前提便是创新，而这离不开充分发挥创造力。创造力是指能够激发新颖想法和创造新产品的能力的大小，由此也可以看出，创造力和创造性思维有着不可分割的关系。人类的思维发展需要经历发现问题、提出问题、描述问题、分析问题、解决问题以及论证问题的过程。创造力的成果具有新颖性，它以一些新概念、新符号、新人物产生为代表，能够在竞争中处于首创地位。

现代学习者不仅要学习和传承前辈创造的文化，更要发现和探索文化中包含的创造因子，这样才能保持创造力的不断发展。越是开放和自由的文化，蕴含的创造力也会越大。传播文化离不开语言这一媒介，为此在学生创造力的培养上，语言也发挥了极为重要的作用。由以上分析语言的结论可以发现，语言并非是思想的附庸物，它只有突破原有思想后再被重构，才能产生异议。而在这一过程中的总体系统则是文学作品，为此也不难发现，在总体系统中，重构完成者不可或缺，其产生的根本原因就在于文章中有空缺部分。空缺的概念也告诉人们，读者在阅读文章的结构空白处时，将会受到一定的触发而不断地完整化文章。作品的空白也使得文章不确定处的可联系性得以体现，同时也使得文章的非主体部分得以体现。

第二，对学生展开批判思考颇有助益。现在的中学语文教学越来越重视批判思考，这与批判思考的重要性密不可分。对于民族的生存与发展而言，批判思考是科研创新的必要工具和重要基础；对于学生而言，批判思考能够帮助学生在现实中感受丰富多彩的人生，这对于学生个性、理智与心灵的健康发展极为必要。批判思考在教育界的重要性越来越突出。从语文教学的角度来说，语文阅读教学应该教会学生如何运用语言，将文学创作的思潮融入学生的实际生活中去，从而提高学生的语文素养。

整本书阅读是以培养学生阅读能力为核心，以全面提升学生的阅读能力为目标，以引导学生进行深刻思考为主要途径的新的教学方式。读完一本书，既是对一篇论文的理解与思考，也是对其中一些重要主题、核心思想的阐释。书中作者的观点或想法可能不具有普遍性，但是读者在思考、分析之后所得出的结论、理解与思考具有普遍性，对于人类了解和改造世界发挥着积极的指导作用。

批判思考是理性的、反思性的思考，批判思考的目标是帮助学生明确信仰、付诸行动。也就是说，通过批判思考可以使学生确定自己的信仰、坚持的观念、采取的行动。在中学语文教学活动中，教师应该致力于培养学生的批判思考能力，发挥语言的载体功能，把语文教材内容转化为学生可以理解、掌握、吸收的知识。语言是思维的媒介，是文学思想的载体，是语文学科独有的特色。从对召唤结构理论的剖析可以看出，在写作时，期望的产生伴随着"否定"期望的破坏行为，使得读者浮想联翩。在整个过程中，道路选择离不开批判思考：要么突破常规，树立新的认识，要么保持既定立场，遵循原有的准则。所以，语言和思想相辅相成。如果没有思想，语言将陷入空虚。中学课本的文学段落经常充斥着否定读者阅读预期的内容。在阅读教学过程中，教师要能够准确掌握学生的情绪期待，指引学生开展批判思考，促使学生在思想紧张的状态下，切实提高自身的批判思考能力。

召唤结构理论应用于文学作品阅读教学的可行性。

第一，依据格式塔阅读心理学理论。格式塔是德文的音译，其意义有两个：一是指形式，二是指任何分离的整体。格式塔心理学或称完形心理学，它强调经验和行为的整体性，认为整体不等于部分之和，而是大于部分之和。"格式塔"不仅指事物的"形状"或者"形式"，在格式塔学说里，Gestalt 一词的含义是指任何一种被分离的整体而言的。换言之，在格式塔心理学家看来，知觉到的东西要大于眼睛见到的东西。他们反对把事物割裂成单一的元素一个个地进行分析，因为这样破坏了它本身的完整性。任何被我们见到的事物或现象，它们的每个成分都是相连的。一个完整事物的特性不仅仅体现在某一个元素上，而应该整体地关照该事物，全面看待事物。由此可知，格式塔心理学强调整体组织而反对元素分析。根据此原理，文学作品的阅读就不是读者在被动的过程中感知或者接受的，而是读者通过创造性的知觉活动对作品提供的种种要素进行组织，从而形成新的意向整体。

在阅读文学作品时，读者会持续地赋予文章特定的内涵，将文学作品变为想象中的"格式塔"。当文学作品的文字与读者想象的"格式塔"有出入时，读者想象的"格式塔"需要自主修改为符合文学作品主旨大意的文字。文学感知具有构造能力，可以使文字不完全地充分结合在一起，也就是说，当感知中出现了"不完全"的"形"或者"空白"时，自然的趋向就是"补充"或者使文本回归到"完整"的状态，这与伊瑟尔《呼唤构造》中所提及的"空白"与"空缺"的观念。事实上，这两种观念存在着本质关联，需要读者不断地理解并加以改进。文学创作意向的构建是把各种因素结合起来，最终得到比所有因素总和更高的总体结构，这种现象与心理学"格式塔"的形式相似。通过鉴别文学作品的文本内容，教师可以更好地了解学生的阅读习惯，并探究学生阅读行为的结构和思维规律，为进一步引导学生科学阅读奠定坚实的基础。

阅读行为本身是一项复杂的心理活动。在阅读过程中，读者首先形成基于文本的视觉感受；其次通过分解、归纳、批判和推理等思维过程，将理解和识别的内容归类或整合到现有的知识体系中，实现知识的储存、使用。因此，读书活动的过程推动，通常要受到不同主体、不同心理因素的制约。与此同时，在阅读文学作品的过程中，读者也与作家共同完成了文本的语义构建。面对复杂的语篇结构，在阅读过程中，读者的参与会直接反映出读者的接受心态，从而对理解文本的含义具有十分显著的促进作用。在整个阅读过程中，读者需要根据自身的特点、心理需求和接受水平来自主调节阅读方式。例如，初学者更倾向于选择"快速阅读"，但是，对阅历丰富的读者来说，往往会选择"慢速"阅读并追求理解。与此同时，不同的读者对同一本书的解读也不尽相同。所以，在阅读整本书时，要用开放的、动态的、个性化的心态对待这本书的阅读与宣介行为。

在阅读文学作品时，读者必须积极整理并接纳新的知识，此种行为由文字的象征意义引发。在阅读文学作品的过程中，读者会借助提问发现文本背后的深刻含义。然而，语义无法通过文字的形式表达文本的中心思想。因此，读者在阅读文本的过程中，不仅需要辨识语言的深刻含义，还要借助"格式塔"的聚类功能，掌握文本的结构框架。无论读者的预期和观点如何改变，文本总能将看似毫无关联的语言标记连接在一起，从而构成"统一解释"或者"格式塔"的"统一结构"。伊塞尔将这种阅读活动称为"完形认识"，即读者在完成文本阅读的同时，也满足了内心的期待。

第二，与教科书所载的文艺创作特征相吻合。格式塔心理是一种全面的认知心理，此种心理状态的特征在中学语文课本中经常出现。鲁迅在写作小说时，经常用多种笔触简单描写人物，促使读者联想人物的完美状态。例如，在散文《纪念刘和珍君》里，鲁迅描写了刘和珍的形象："她总是面带微笑，温柔可亲。"然而，当读者读完整篇文章之后就会发现，刘和珍不仅人长得漂亮，而且骨子里充满了正义。刘和珍可以在读者心中留下这种印象，是因为鲁迅在描写刘和珍时在读者的脑海中留下了空缺，能够促使读者更加充实地构思刘和珍的形象。由于文学作品内在的"格式化"体系使文学作品自身带有鲜明的指示性特征，读者能够根据作者提供的信息感知并掌握人物形象和心理状态。所以，当读者以开放的方式填充角色时，即使是面对书中描述的角色，也无法如读者所想所知实现人物形象的完全展现。面对阅读中看似杂乱无章的信息，读者可以根据自身感觉，借助不同的组织方式，将人物形象组合在一起，形成一座"格式化之塔"。中学语文课本根据题材在确定人物形象、语言特色、结构方式和表达方式等方面的差异，将阅读文本分为诗歌、小说、散文、戏剧等类型。

第三，契合学生阅读思维特点。中学生基本上已经形成一定的辩证逻辑思维，而且从此阶段开始，学生的创造性形象思维也在快速地发展。随着年龄的增长，学生基本上已经具有了较为稳定的思维趋势，并以形象思维和抽象思维作为思维结构的主体部分，这一阶段，学生也积累了越来越丰富和系统化的思维材料，这是由于中学生的抽象性和理性概念不断增加，而感性概念不断减少，加上不断充实和改造的表象材料，他们不再是对象外在形式的简单的、刻板的摹写，而是将重心放在了反映外在形式和内部联系的统一性上。

此外，他们还能通过情感和想象来创造审美意义新形象。思维材料由此也经历了质的改变，从而为创造思维的发展提供基础。这也说明语文阅读教学更应该深入地、广泛地关注思维创造的培养，加强学生想象力、创造力、批判性思维的培养。从文学接受规律的角度来说，文学接受的目标就是需要读者能够具备基于作品进行再创造的能力，即要求读者可以自主地选择、接纳、抛弃和创造文学作品中蕴含的审美经验和意蕴等。因此，教师在教学时要考虑到学生思维发展这一重要因素，加强学生作品解读能力的培养，从而培养学生用自身经验去填补和体验作品的能力，促进学生自主学习能力的提升，培养学生的创造性思维能力。

2. 召唤结构下整本书阅读教学的目标

召唤结构理论认为，文学是指导读者面对成长、接受改变的艺术活动。文学可以指导读者不断地朝着不确定的方向运动，帮助读者直面不断发展的过程。整本书阅读中出现的否定与空白构成了读者与作者沟通交流的纽带，作者在表达所思所想的同时，为读者提供了更加广阔的想象空间，这使得读者与作者通过文本沟通与交流，可以将文学作品中的具体情境变得更加真实。所以，从召唤结构理论的角度来看，教师必须树立开放、动态、生成的课程观念，充分发挥学生在课堂活动中的主导作用，才能体现整本书阅读教学的价值与意义。阅读教学并非以传授知识为终极目标，而是让学生在面对文本时，与自身所处的环境相联系，展开理性思考与判断，从而提高学生的学习水平。为了培养并增强学生的阅读能力，教师可以从以下几个方面入手，实现整本书的阅读教学目标：

（1）注重学生在阅读中的再度体验

文学解读从本质上来讲就是"再度体验"的一种形式，主要是为了达到理解和再创造作品意义的目标，加强读者和作品之间的交流和互动，它将阅读前"我"的世界和阅读后"我"的世界充分融合起来而创造出新的世界，而读者在融合中也能体会和感受作品世界的意义和内涵，激发对自身生命意义的思考和拓展。

世界是通过体验而获得的，而解读就是一种很好的体验方法。因此，注重学生的再度体验理应是阅读教学的重要目标。为了促进学生更快、更好地进入"自我理解"的境界，教师需要提升阅读教学中学生的自我体验的培养，让学生通过自身的实际经验去感受作品，感触作品的生命意识，从而将阅读和阅读教学作为生命体验的方式。

（2）重视学生对作品意义的创造

作品意义的创造需要读者能够积极地投入作品中。作者和读者的双重创造是实现作品意义的重要方式。而读者参与作品创造的方法就是填补和构建作品中的空白和空缺结构，这一过程需要读者积极地去发现，并将自己的认知、想象、综合、批判等心理因素予以融合。伊瑟尔的召唤理论认为：文学作品中的空白、空缺和否定结构是吸引读者进行作品再创造的重要结构。在参与作品事件的过程中，读者结合自己的经验实现了作品的具体化，这个具体化的过程也就是读者对作品的意义进行创造的过程。在阅读教学过程中，教师要让学生自主地理解课文，让学生学会如何去抓作品的空白、空缺以及否定结构，从而鼓励学生进行作品意义的再创造，和作品产生情感共鸣。教师应该积极地引导学生收集和整理与课文有关的资料，从而让学生获取更加丰富的背景材料，让学生的再创造更符合作品的原有意蕴，这也是阅读教学的重要目标。

（3）强化学生自我意义的具体建构

语文学习的重要任务之一就是语言学习，但是针对中学生的教学，往往不能停留在这一层面，更需要培养学生构建自身意义的能力。学生在阅读时，会产生去体验作者思想情感、人生境界和精神品质的欲望，并会和自身的经验、体验比较和比对，这也是学生自我意义更新的过程。学生通过从阅读到体验再到领悟的过程来获取自身的成长，从而实现质的提升。为了达到阅读这一教学目的，教师需要积极地营造课堂氛围，激发学生自主探究的意识，在阅读时不仅能体验作者的生命意识，也能充分地将自己的想象力和创造力发挥出来，促进自身生命意义的构建。教师的优秀之处在于能够在日常教学活动中融入先进的教育观念，而非仅仅自身具有渊博的学识和灵活的教学手段。

3. 召唤结构下整本书阅读教学的对策

（1）运用"空白"来激发学生的想象力

召唤结构中的空白可以激发读者的想象力，但往往不是直接将故事情节呈现给读者，尤其是没有任何阅读经验的学生。此类学生在参与整本书阅读活动时，需要教师的耐心指引和启发。因此，在阅读教学过程中，引导学生发现空白，帮助学生提出合理的问题，是教师开展阅读教学的重要任务。例如，在《德国教师教育指南》中，第斯多惠指出，教学的艺术不在于传授知识，而在于激发、唤醒和激励。作为一名中学语文教师，要以课文为依托，深入理解、研究课文。由于语文教学内容以课文为主，这类教学内容相对其他学科而言具有鲜明的不确定性。因此，研究教材能力显得尤为重要。语文教学内容的不确定性主要在于文本所呈现的文字所指向的是人的动态精神世界：对于作者而言，这种精神世界属于语言思维的流动创作与动态生成；对于读者而言，这种精神世界属于召唤结构的实质性内容，正在等待读者通过想象赋予作品个性化的阐释。正是不确定性，要求语文教师在教学过程中必须充分考虑生成性的具体含义，充分利用作品语义、句法、结构等方面的空白，适时激发学生的想象力。根据作品的创作技巧，尽量穷尽作品的创作空间，在中学语文阅读教学活动中，培养并激发学生整本书阅读的想象力。

（2）利用"空缺"，培养学生的创造力

第一，以个体化的方式填充"空缺"。当中学语文课本的教学内容上出现语言空缺时，无论是人物对话的空缺，还是情节结构的空缺，教师都应该指导学生深刻认识空缺的内涵。

第二，利用"空缺"建构文本。在美学客体建构理论中，主体性缺位是引导型文本建构的主要因素，读者的创造性建构可以帮助完成整本书阅读任务。所以，教师要对语言材料进行解析，抓住文本题材的"空缺"，从而指导学生进行专业创作。

第三，借助"空缺"引导学生创新并完善文本。中学语文教科书除了在篇幅、题材等方面出现"空缺"，部分文本内容也常常出现"空缺"。教师需要引导学生将文本图片与文本语境相关联，创新并完善文本内容。

（3）利用"否定"，培养学生批判性思维

第一，否定熟悉标准，构建新认知。作家在创作作品时必然会引入现实生活，如此才能对读者产生吸引力，促进读者情感共鸣的产生，激发读者的某一种体验，从而对特定问题与社会提问，读者通过想象的主动性作出回答。在阅读过程中，读者将会打破原有的标准，构建出新的标准。为此，教师要能够敏感地洞察到文章中熟悉的标准否定处，并积极地提出问题，促进学生的自主思考，培养学生的批判性思维。

第二，否定习惯定式，创造新主体。读者在阅读时肯定会遇到熟悉的行文和故事发展情节。若是文章按照读者的固有思维发展下去，将会丧失对读者的吸引力。所以，好的文章必然会有出人意料之处，才能有效突破惯有定式的禁锢。教师应该对作品新深度进行挖掘，基于学生的惯性思维来揭示作品的内在矛盾，并聚焦学生思维，如此，既有利于学生思维的拓展，同时也有利于增加作品质感。

第三，否定阅读期待，重塑新形象。文学新作品和人们既定的期待视野必然会有一些不同。若是作品中表达出来的人物性格、故事情节和命运结果完全符合学生的既有期待，学生能够快速地印证对作品的理解。所以，从学生的角度来说，更希望去阅读既带有熟悉感又具有陌生感的作品。熟悉感是指的作品具有和学生既有期待相符合的地方，陌生感则是作品不会完全依据学生的既有思维来发展，从而能够让学生的视野得以拓展开来，让学生的阅读有较大的突破。

第四节　基于语文核心素养的中学自读课教学策略

基于语文核心素养的中学自读课教学策略如图3-6所示。

一、营造氛围，帮助学生进入文学鉴赏状态

氛围对学生在中学语文自读课中的表现和成长有着不可小觑的作用，因此，以培养学生核心素养为目标，教师要做的第一件事就是加强对氛围的营造，在课程引入环节尽全力为学生营造一个轻松、愉悦的学习氛围，让他们带着轻松的心情走进课堂，开始自读。对此，可选择的办法不止一种，如播放与文本内容相关或能促进阅读的舒缓音乐、讲与文本创作背景相关的真实故事、将作者人生经历一一告知等。尤其是将文本背景故事以及作者人生经历告诉给学生，一方面可以营造一个"听故事"的轻松氛围；另一方面可以通过故事将学生的注意力吸引到文本内容上，使学生对"作者经历了这些事情，在这样的背景下，会在文章中写什么、表达怎样的情感"产生好奇。这样一来，学生注意力被吸引、好奇心被激发，加之轻松氛围的支持，他们必然会更主动地阅读文章，对文章的文学价值与情感内涵展开鉴赏分析，进而提高基本的文学鉴赏素养，为核心素养的进一步发展奠定良好基础。

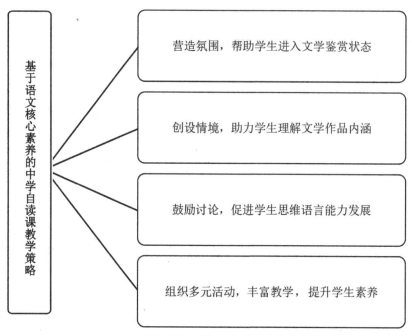

图 3-6 基于语文核心素养的中学自读课教学策略

二、创设情境，助力学生理解文学作品内涵

伴随年级的增长，学生需要学习的语文知识难度也越来越大。中学语文自读课中难免会出现一些学生难以迅速理解的内容，这必然会影响他们的核心素养发展。此时，教师要思考能促进学生理解文本的合适方法，创设情境就是一个不错的选择。当前，在新课改的支持下，信息化多媒体教学工具已然成为中学课堂的必备工具，将文本情境借助多媒体尽可能真实地还原出来，能为学生带来一种"置身其中"的感觉，促进他们将自己想象为故事主人公并感受文化内涵。在这种设身处地感受和思考中，学生必然会对文章文学内涵、文化价值形成更深刻的理解，这样可以促进学生文学素养的深化，从而实现核心素养的教育目标。

三、鼓励讨论，促进学生思维语言能力发展

语文的本质是一种语言，只要是语言，就离不开运用，而最简单的语言运用方法就是"说"。教师要明确的是让课堂不再沉闷的有效手段，就是让学生在课堂上畅所欲言。因此，将两者融合，以培养学生的语文核心素养为目标，中学语文教师可以尝试在自读课教学活动中鼓励学生围绕所读内容自

主讨论，让他们在讨论中思考问题并大胆表达自己的阅读感受。讨论和表达的过程，就是一个组织并运用语言的过程，学生的语言组织、口语表达能力必然可以实现更好的发展。此外，相较于独立思考而言，讨论中的思考更加发散、丰富，学生可以在沟通中实现思维碰撞，不断在与他人的思维冲击和影响下产生新的思考，这对其语文思维素养的发展大有裨益，可以进一步促进学生语文核心素养的深化。

四、组织多元活动，丰富教学，提升学生素养

需要注意的是，要想让学生的语文核心素养实现更好的发展，在自读教学过程中组织多元活动是必不可少的。换言之，教师需在传统、单一的"读""分析""表达"的基础上，设计更能促进学生自读和素质发展，且形式多样、有趣的活动，借助更加丰富的活动加强对学生阅读等核心素养的锻炼，进一步增强他们的能力。例如，围绕"读"和"写"，教师可以设计"文学鉴赏竞赛""文字创新表达"等活动，引导学生从不同角度鉴赏所读文学作品，并运用不同的语言结构阐述自己的观点。这样一来，自读课堂中的阅读鉴赏不再是单一的，学生热情能更高涨，整体核心素养培养效果也会更好。

第四章 中学语文写作教学及有效性分析

第一节 中学语文写作教学的体系

一、中学语文写作技能教学

在现代科学心理学里，技能可以分为两类：一是指动作技能（又称心因性动作技能），二是指心智技能（又称智慧技能或智力技能）。动作技能需要身体的肌肉协调才能完成；心智技能则在头脑内部完成。两类技能的共同心理实质是程序性知识，或者是"如果……那么……"的产生式规则系统。其行为表现是回答"怎么办"的问题，所以其测量方法是提供问题或做事的情境，观察学习者的行为表现，或根据被测者的行为表现，对其办事能力作出推测和评判。

写作技能同样也可以分为以下两类技能：

（一）写作的动作技能

写作动作技能的本质是一套规则（或程序性知识）支配作者手指和手腕的肌肉协调，其表现形式是书写和打字。然而，写作动作技能又不同于一般机械的书写动作和打字运动，它属于那种完成更具有智慧性的任务之列的、需要把一些比较简单的运动动作组合起来的运动技能。一般书写和打字运动是以单个的字或词为单位展开的，而写作动作技能则以语句甚至语段为单位展开。

因而，与一般书写和打字相比，写作动作技能具有两个特征：①形成较晚。一般而言，学生在进幼儿园的年龄就开始习得一些与使用铅笔、蜡笔等书面交流工具有关的"精细"动作技能。而写作动作技能是在此基础上形成和发展起来的。②具有流畅性或连续性。一般书写或打字技能的特点是：在书写或打字时信息是以单个字词的形式出现在工作记忆之中，由于工作记忆容量的限制（5～9个单位），因此，提取的速度比较缓慢，而写作动作技能的特点是：在书写或打字时信息是以语句或语段为单位出现在工作记忆中，这就拓展了工作记忆的空间；换言之，同时进入工作记忆的字词绝不仅仅限于5～9个字词，可以是几十个甚至上百个字词。这样，就加快了提取的速度。

写作动作技能在写作活动中具有很大作用，直接影响到写作的质量和速度。如果中学生的思维速度很快，思路畅通，可是笔头书写跟不上，字写得既慢又差，需要思路等待笔头，那么写作速度也是无法加快的；反之，如果学生具备了较强的写作动作技能，书写或打字快捷、流畅，手脑配合协调、默契，手能够听从大脑指挥，想到哪里，就能写到哪里；想到哪些就能写到哪些，这样写作速度就会加快。此外，由于工作记忆又称短时记忆，具有极强的时效性，提取到工作记忆中的信息如果不及时进行加工，遗忘的可能性是很大的，这就意味着，作者在行文过程中，如果书写或打字技能太差，就不能及时将工作记忆中的信息提取出来，使工作记忆中加工的产品——构思的语句或语段遗漏。这就是在日常写作中出现"笔不随心""手脑不协调"现象的根本原因所在，这样就不可能写出满意的文章来。

（二）写作的智慧技能

智能技能是指使个体通过符号或观念的使用同自身的环境发生相互作用，或者是个体运用概念和规则对外办事。智慧技能具有层级性，从辨别（区分事物的不同之处）开始，到形成概念（认识事物的共同的本质属性，从而能够将事物归入一定的类别），再到运用规则办事。写作智慧技能是指运用概念和规则进行布局谋篇和遣词造句，以恰当表达自己思想感情的技能。在写作活动中，智慧技能具体落实到字、词、句、段、篇的表达之上，主要可分以下三种类型：

第一，遣词技能。作为智慧技能的遣词技能本质上是指根据一定的概念和规则运用字词进行书面表达。遣词技能强的作者写作时往往"奋笔疾书"，下笔成文，写出的文章也是词汇丰富，文采斐然；反之，遣词技能差的作者写作时往往如负重爬行，即便绞尽脑汁，也找不到恰当的词语，写出的文章也是词汇贫乏，甚至词不达意。要具备较强的遣词技能，作者必须在大脑中储备足够数量的词语。

第二，造句技能。写作的造句技能本质上是根据一定的语法规则和表达思想感情的需要（规则）而进行的词语和词组的组合。写作的造句和日常学生所进行的造句练习既有联系又有本质区别。造句练习是单纯的语法规则的运用，是单个句子的表达。而作为一种写作技能的造句，除了运用语法规则，还要运用语境规则和篇章结构规则，要服从语境和文章整体表达的需要。

第三，谋篇技能。谋篇技能是指根据文章组织的若干规则，对语句、语段进行安排布局的能力。具有谋篇技能的作者在写作时能够将文章"一层一层、一段一段，安排清楚，有条不紊。前前后后，联系得紧密，照顾得周到"。之所以如此，与他们对选材、立意、组材、剪裁等写作规则的掌握和灵活运用是有密切关系的。

二、中学语文写作教学目标设计

中学语文教师在设计写作教学目标时，先要认真研读语文课程标准，依据新语文"课标"中的写作课程总目标和教学对象所处学段的写作课程目标来确定教学目标的基本框架——主要学习结果类型及其认知和情感的层级。在此基础上，结合学生的学习实际、写作水平和生活经验，对有关写作课程目标进行有的放矢地选用和重组，使之转化为符合学生实际的写作教学目标。此外，中学语文教师在设计写作教学目标时还应该注意以下方面：

（一）确定教学目标类型与核心

现代教学论主张，教学目标的实质是对学生学习结果的预期。所以，学生学习结果既是制定教学目标的重要依据，也是教学目标的主要内容。中学语文教师在设计写作教学目标时，可以根据写作学习结果的分类对写作教学目标进行分类。中学语文学习结果可以分为四类：语文内容知识、语文技能、语文高级技能（认知策略）和情感态度与价值观。据此，我们可以将学生写作学习结果分为四种类型：写作内容知识、写作技能、写作策略性知识和情感态度与价值观。在设计写作教学目标时，相应地也可以把写作教学目标分为四种类型，即写作内容知识目标、写作技能目标、写作策略性知识目标和情感态度与价值观目标。

确定写作教学目标的类型以后，教师还要进一步明确写作教学的主要目标或核心目标。一般而言，设计教学目标理所当然地要全面反映学习结果，然而，对写作教学而言，设计教学目标时又必须考虑写作活动的特殊性。因此，中学写作教学就应当着重指导学生解决"怎样写"这个问题，至少要为他们解决这个问题打好必要的、坚实的基础。"写什么"的问题与陈述性知识有关，

"怎样写"的问题与程序性知识和策略性知识有关。因此，设计写作教学目标应该把重点放在写作技能和认知策略上。

写作技能和认知策略本质上均为运用写作规则进行构思表达和修改，所以，写作规则的学习和运用应该作为设计写作教学目标的依据，成为写作教学目标的主轴和核心。一些优秀的语文教师在写作教学实践中设计教学目标就是以写作规则为核心来安排三类知识的教学的。

（二）确定教学目标体系的序列

要确定目标体系的序列，关键在于理顺以下相关关系：一是目标与目标之间的关系。目标与目标之间的关系实质上是同一层级的写作规则之间的关系，它们之间的关系是一种并列的或交叉的关系。如从文体角度来看，记叙文、说明文、议论文、应用文和文学作品的写作规则之间就是这类关系；从表达方式角度来看，叙述、描写、抒情、议论、说明等表达规则之间也是这种关系。二是目标与子目标之间的关系，这种关系实质上也是一种上位规则和子规则之间的种属关系。如叙述的规则和倒叙的规则之间即存在这种关系。三是子目标与子目标之间的关系，是指共同归属于某一上位规则的子规则之间的一种并列关系。如从表达方式角度来看，插叙的规则和倒叙的规则之间的关系就是这种关系。将上述关系理顺之后，要对这些关系中涉及的上位规则和子规则按照一定顺序进行排列组合。

三、中学语文写作的方式方法教学

写作教学方式方法是教师指导学生进行写作学习和练习以获得写作能力的具体手段。现代教学论主张，教学方式方法是受教学目标和学习结果制约的，不同的教学目标反映不同类型知识的学习结果，而不同类型知识学习的内在条件和外在条件是不同的，教学方式方法就是为一定类型知识的学习创造外在条件。

（一）中学语文写作的一般方式

中学语文写作教学中的一般方式是指中学写作教学中常见的写作教学方式。写作教学中常见的写作教学方式有三种：命题写作、限定条件写作和自由拟题写作。

1. 命题写作

命题写作教学就是由教师出题，学生按照题意要求写作的作文训练方式。这是中学写作教学中运用得最普遍的方式，其最大长处就是有明确的教学目标体系，序列清晰，计划周密；其最大特点就是，通过确定作文题目，对学生的作文给予某种"限制"，包括文体、题材、写法诸方面。因此，对学生应该学习和运用哪些知识（写作规则）做了明确的规定。就题目的限制程度而言，可以把这种教学方式分为两种类型：一类是全限制式，学生只能遵题而作，范围、重心、内容乃至于文体等均不可逾越；另一类是半限制式，这类作文题有一定的开放性，给学生的发挥留有一定的自由度。

2. 限定条件写作

限定条件写作教学就是教师只对学生的写作作出某种或某些条件限制的训练方式，这实际上是一种半命题性质的写作教学方式，它的最显著特点就是为学生提供了一定的写作材料，使学生获得了必要的写作内容知识，从而在一定程度上解决了无写作材料的问题。从"条件"的构成上而言，这种教学方式有四种形式：①提供图画等形象材料作文，如看图作文；②提供文字材料作文，如写读后感、评论，话题作文；③提供实物材料作文，如写生作文、游记；④提供声像材料作文，如看电影、电视作文，听音乐作文等。

3. 自由拟题写作

自由拟题写作教学是由学生自己决定写作内容、写作方法的教学方式，能让学生根据自己大脑中已有的知识基础，自主地展开写作活动，使他们的知识得到有效提取，个性特长得到张扬，写作才华得到施展，也有利于学生创造性的写作动机的激发；但不利于有计划地、有目的地使学生习得写作规则，进行系统的技能训练。

（二）中学语文写作教学方法的使用

现代教学论主张"教有定规"，因为语文知识和语文能力的学习存在一定的规律，所以教师教学生学语文知识和写作能力必然存在一定的规则；"教无定法"就是指教学方法随着学习的类型、内容、阶段及学习者的特征等而有所变化，不可千篇一律，也不能机械照搬，简单套用；"法"随"规"变，依"规"定"法"。

1. 使用教学方法要因"类"制宜

现代教学论主张，教学方法应该根据知识学习的类型来确定，不同类型知识的教学需要采用不同的教学方法。既然写作能力由三类知识构成，那么以培养写作能力为基本目标的写作教学的教学方法也应该根据写作内容、写作技能和写作策略性知识的学习所需要的教学条件加以确定：

（1）写作内容的教学方法

写作内容的教学要根据图式形成和改进的规律进行。根据前面的论述可知，图式是通过实例形成和改进的，因此有助于呈现实例的演示法、讲授法和范读法等就成为写作内容教学的首选方法。在运用这些方法时要注意：一是要同时或相继呈现两个以上图式的实例。二是要提供无关特征方面富有变化的实例。在写作教学实际中，学生在写人叙事时常常有片面的问题，要避免这一问题的出现，教师可采用变换实例的无关特征的方法进行教学。三是要呈现图式的反例。教师可以运用同时向学生提供图式的正例和反例的方法，促使学生对图式的适用情形和不适用情形进行区分以改进图式。

（2）写作技能和写作策略性知识的教学方法

写作技能和写作策略性知识本质上都是对概念和规则的运用，有所不同的是：前者是运用概念和规则对外办事——书面表达；后者是运用概念和规则对内办事——调控记忆和思维，选择写作方法。两者的相同之处是：因为它们都必须经过概念和规则的学习阶段，所以要根据概念学习和规则学习的规律来确定教学方法。现代心理学指出，按照概念抽象水平的不同可将概念分为具体概念和定义性概念。具体概念的教学主要应运用比较法引导学生对概念的正例、反例进行比较，让学生辨别和提出假设，教师给予肯定或否定的反馈指导，学生从中发现概念的本质特征；定义性概念的教学主要应运用下定义或解释的方法，使学生理解概念的含义，然后用举例法促进学生理解概念的本质特征。

2. 使用教学方法要因"时"制宜

就现代心理学而言，写作能力的形成或习得实质上是一定的概念和规则的获得、转化和应用。因此，一定写作能力的形成和发展通常要经历三个阶段：新概念和规则的获得阶段、作为陈述性知识的概念和规则向作为程序性知识的写作技能和写作策略性知识的转化阶段、写作技能和写作策略性知识的迁移应用阶段。现代学习论主张，一种能力习得的不同阶段，需要不同的内在条件和外在条件。因此,在写作能力习得的不同阶段应该运用不同的教学方法。

在新的概念和写作规则的获得阶段,可用设计先行组织者技术和符号标志技术,运用呈现图表、讲述、讲解、提问等方法,引导中学生注意所学习的新知识,使新知识顺利进入命题网络;在此基础上,再运用讲析、提问、讨论、列举概念的正反例、写课文概要等方法,以促进新概念和写作规则与学生大脑中已有的相关知识相互联系、相互作用,达到对所学新知识的理解和巩固。

在概念和规则的转化阶段,主要应运用练习和变式练习法进行教学。由于写作技能的本质是运用一定的概念和规则进行书面表达,而且这种概念和规则的运用具有自动化提取的性质,所以要想使概念和规则转化成写作技能,必须进行反复练习,使概念和规则的提取趋于熟练或流畅;写作策略性知识的本质是运用一定的概念和规则进行构思,而且这种概念和规则的使用将伴随写作要求、写作情境等的变化而有所不同;所以,只有引导学生在不同写作情境、写作条件下进行构思练习,一定的概念和规则才能够转化成监控记忆和思维的策略性知识。此外,教师要对学生的练习和变式练习的结果进行及时的反馈。对不足之处要指导学生进行润色、修改,对精彩之处要予以肯定和表扬。

在概念和规则的迁移应用阶段,主要的教学方法是创设写作情境、引导学生作文。教师可以采用选择性命题、材料作文等方式为学生创设书面的写作情境;也可以将学生带入实际生活之中,让他们从中领悟写作规则的运用方法和途径,为学生创设真实的写作情境。

3. 使用教学方法要因"生"制宜

写作的最大特点是个性、自主性强,同样一则作文题,在不同人大脑之中激活的知识,其内容和形式都存在很大差别。现代教学是班级授课制教学,一位语文教师同时指导几十名同学写作文,如果不考虑学生的差异,势必导致相当一部分学生的个性和自主性受到压抑。因此,在写作教学过程中,教师要根据每个学生的特点和实际,因材施教,因人制宜。

(1)对不同特质的学生要运用不同的教学方法

现代心理学认为,从先天遗传和学生自然发展的角度来看,学生之间在特质(如焦虑、动机等)上存在一定的差异,在写作教学中教师要承认这种差异的存在,并能够根据这些差异展开教学。

（2）对不同起点能力的学生要运用不同的教学方法

起点能力是学习结果的反映，由于一个班级数十名学生不可能处于完全相同的起跑线上，这就导致学生的写作能力参差不齐。在写作教学中，对不同写作起点能力的学生，教师要区别对待。在作文命题方面，每次命题在内容和形式上都体现不同的层次和要求。

第二节　中学语文写作教学的过程

现代教学论主张，写作教学是师生双向互动的活动。在教学过程中，学生的写作活动（构思、表达、修改等）将决定教师的施教活动，教以学为出发点和落脚点，教服务学，教促进学，教引导学。因此，在中学写作教学设计和课堂操作过程中，教师应该根据学生的学习规律即写作能力的习得规律来安排教学过程，选用教学方法和技术。

中学写作教学一般以一次作文作为一个教学单元，写作教学过程一般指一个教学单元（一次作文）的过程。写作教学过程是教师指导和学生学习、写作的动态过程。如果我们用一定的文字符号对这一动态过程的逻辑顺序进行描述，这就是写作教学过程模式。

一、典型语文写作教学过程的模式

我国传统的写作教学过程模式包括三个阶段：命题、指导、评改。命题——教师摘引"四书""五经"的章句作为题目；指导——主要是指导学生审题；评改——教师修改学生习作，并做点评。在此模式中，教师指导之所以是指导审题，与作文内容有直接关系。因为题目乃圣人之言，学生的作文不过是阐述题目的微言大义。可见，这一模式显然是一个以书本为中心、以教师为中心的模式，没有体现出学生的学习规律和学生写作过程的一般特点。

目前，在我国的语文教育研究人员曾提出过的多种写作教学过程模型中，有三种模型较为典型，①"命题—指导—批改—讲评"四环节模型；②"观察、思考—构思、表达—修改"三阶段模型；③"作文前指导—作文全程指导—作文后指导"三步骤模型。

用现代学习论和教学论分析，上述三种模型都存在着一定的不足：第一种模型仅仅立足于教师的教，没有考虑学生的学。现代教学论主张，教学应该以学习为基础，忽视学生的学习活动，教势必无的放矢。第二种模型恰恰相反，只是反映了学生的书面表达过程，缺乏教师教这个必不可少的条件。可见，这只能是一个"写作的过程模型"，而非"写作（作文）教学的过程模型"。第三种模型把教师活动（指导）和学生活动（作文）结合起来，力图反映教学过程中教与学的互动与统一。这相对于前两者，认识有所深化。但是，从表述上看，师生在三个环节中活动的内容和形式没有任何区别——皆为"指导"（教师活动）和"作文"（学生活动）。因此，该模型至多只是列出了写作教学的进程——分为三个环节，不能具体指导写作教学实际。

二、心理学下的语文写作教学过程

写作教学本质上是一种问题解决教学，因而，研究写作教学过程要遵循问题解决的一般教学过程规律。因此，我们可以把写作教学过程概括为以下教学环节：

第一，告知教学目标和作文标题，明确写作要求如前所述，写作教学目标是由以写作规则为核心的三类知识构成的，作文标题也蕴含着一定的写作规则。所以，在此环节中，教师要把需要学习的写作规则用明晰具体的语言陈述出来。学生通过审视、分析教学目标和作文标题确定本次作文练习所需学习的规则及其涉及的写作内容知识、写作技能和策略性知识分别有哪些。

第二，提示学生回忆，激活原有知识。要把本次作文需要学习和运用的写作规则和相关知识与学生已掌握的有关知识联系起来，使学生的原有知识顺利进入工作记忆。

第三，提供构思策略，拟定写作计划。教师要指导学生根据一定概念和规则进行审题和构思，在此基础上确立写作的基本思路，编写写作提纲。

第四，提供相关材料，形成相应图式。要呈现两篇以上运用本次作文所要学习的写作规则而写出的例文，为学生形成特定类型的认知结构创造条件。如果学生缺乏主题知识，还要提供这方面的文字、实物、图像等材料，使学生获得与作文内容相关的图式。

第五，创设变化情境，进行表达练习。这是知识由表象、命题和命题网络向产生式和产生式系统转化的环节。在本环节中，教师要引导学生在各种条件（各子规则适用的情境）下运用各种（口头的或书面的）方式进行表达练习。

第六，及时批改讲评，反思修改作文。教师要根据教学目标对学生的作文进行评价，并及时向学生提供反馈；引导学生根据教学目标和教师评语对作文进行反思，并做进一步的修改。

第三节　中学语文微型写作教学探究

微型写作"是教师通过局部改进学生写作问题的方式来逐步提高学生的写作水平并将写作指导贯穿整个写作过程的写作训练课"[①]。教师通过分析学生的写作实际困难，确定明确具有针对性的写作目标，针对目标设计教学。更重要的是，教师要在学生进行写作时提供必要的知识支持和过程指导，这种写作训练方式，删除次要的写作知识，聚焦核心困难，选择核心知识，解决要害问题，提高学生的写作能力，促进学生的写作学习，使教学达到最佳效果。中学语文微型写作教学的主要步骤具体如下（图4-1）：

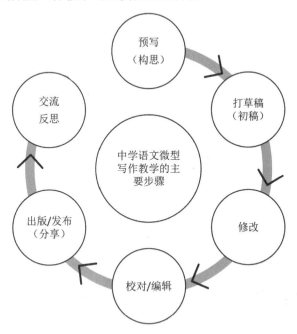

图4-1　中学语文微型写作教学的主要步骤

---

① 陈丹妮. 中学语文教学中的微型写作教学研究 [D]. 漳州：闽南师范大学，2016：15.

第一，预写（构思）。预写（构思）是写作前的热身运动，在这个阶段学习者至少要花费一半的时间用于构思，思考这篇文章"写什么""写给谁"。先要让学生明确写作任务，确定目的、形式、读者等；接下来，学生根据目的、形式和读者，确定中心，收集相关资料，明确选材、取材、组材的方向，酝酿腹稿，列出写作提纲。

第二，打草稿（初稿）。打草稿阶段也是初稿阶段，这时，教师要指导学生在预写的基础上，添加事实与细节，删去不必要的细节和多余的话。写作基础一般的学生，可以暂时不考虑表达的好坏和技巧的好坏，只需要把写作思路记录下来即可，主要是为了防止写作受到干扰。

第三，修改。修改阶段可以采取自改和合作改的方式。自改就是自己反复检查修改自己文章的语言、结构等；合作改就是将学生分组，小组组员根据事先定好修改的标准和策略，通过阅读同组组员的作品，对组员的作文提出修改意见。

第四，校对／编辑。校对／编辑这一环节是学生对二稿的再修改，进行遣词造句上的修改与完善，检查有无错字、病句、标点使用不当等问题。

第五，出版／发布（分享）。出版／发布（分享）阶段是作品的最后定稿阶段，作品已经通过了反复修改与整合。这时，教师可以利用各种方式让学生分享自己的作品，增强学生自信心和成就感。更重要的是，学生通过合作渐渐发展成为团体，学会如何积极地倾听和评论。

第六，交流、反思。交流的目的是反思未来的写作任务。可通过师生共同研析问题，表明自己的修改意见；也可找出有代表性的作品，进行比较和反思。

微型写作教学将学生的写作行为分割成可管理的部分，每个环节将复杂的问题简单化，每课一个训练点，课内只呈现一两个写作阶段，其余的可以放在课外，由学生自主完成或合作完成。

第四节　中学语文写作教学的有效性

第一，"采用科学的评价方式，提高学生的写作兴趣。科学的评价方式对于学生写作水平的提升而言具有至关重要的作用，同时它也属于提高学生写作兴趣的关键所在。"① 教师在进行中学语文写作知识教授的过程中，可以选择采用多元化的评价方式，借助教师评价、学生互评及学生自主等多种评价方式，对学生所写作文进行全方位的评价，让学生对自己所写文章有一个全面的认识。此外，教师还应意识到肯定及鼓励所具有的强大魅力，在对学生文章进行评价时，教师们应给予学生较多的肯定及支持，以提高写作兴趣，为其写作水平的提升奠定坚实的基础。

第二，鼓励阅读，积累素材。鉴于中学生社会阅历较少，因此他们所写的文章特别容易出现言之无物的情况。为了更好地弥补这一不足，各中学语文教师理应鼓励学生多多阅读，从阅读中感受他人的经验及感情，随后再将其转化成自己的知识，进而促进自身写作感悟能力的提升，扩大自己的素材积累，最终实现自身写作水平的提升。在日常的教学过程中，教师还应鼓励学生多看语文教材，仔细阅读中外名篇，体会美文的精彩所在，使学生获得强烈的情感体验。此外，各中学语文写作教师还应引导学生多看课标中推荐的文学作品及名著，引导他们体会名著的精彩之处，并要求学生养成随时摘抄优美词句的习惯，提高其素材积累，如此，他们在写作时便可以做到言之有物，并将内心最真实的感情自然而然地展现出来。

第三，关注生活，从生活中积累经验。事事留心皆学问，人情练达即文章。现实生活是学生写作水平得以提升的有力基石。为了更好地促进学生语文写作水平的提升，各中学语文教师理应要求学生关注生活，走进生活，感悟生活，把生活中的点点滴滴记录下来，从生活中积累经验，唯有如此，他们才能够积累更多的写作素材，如此学生在写文章时，才能做到运用自如，手到擒来。

总而言之，教师在实际教学的过程中理应引导学生走出课堂，到广阔的大自然中学习及研究，主动运用已学的各类观察方法感受生活及学习的乐趣，恰当地使用联想及想象，把现实生活变为写作的知识来源，进而促进学生写作水平的提升。

① 李记喜. 浅谈如何提高中学语文写作教学的有效性 [J]. 现代妇女（理论版），2013（2）：107.

第五章　中学语文写作教学技巧与创新思路

第一节　中学语文写作的表达方式与作文技巧

一、中学语文写作的表达方式

在写作过程中，人们通常面临着如何将思想和意念以文字表达出来的问题。为解决这一问题，人们需要学习并掌握常见的表达方式，主要包括记叙、议论、说明、描写和抒情五种。五种表达方式是写作的基本技能，只有学好并熟练运用到实际写作中，才能写出高质量的文章。掌握五种表达方式是写作过程中不可或缺的重要能力。

（一）记叙

记叙是一种最基本的文学表达方式，被广泛应用于各类写作中。它的基本定义是记录和叙述，通过用文字表述人物的经历、行为或事情的发生、发展、变化，来给读者呈现出真实的世界。写作时，要求作者用简单清晰的语言，展开情节，让读者得以熟悉角色、故事的背景和发展以及事件的各个要素。

1. 记叙的人称

在记叙文中，选择何种人称非常关键，它反映了作者的立足点和观察点。一般来说，记叙文使用第一人称和第三人称的情况较多。使用第一人称，能够直接将作者的见闻和经历传递给读者，给人真实、亲切的感觉，但也存在局限性，因为作者叙述的内容主要是基于自己的角度和经验，因此可能存在偏颇。使用第三人称时，行文更为自由，没有太多限制，因为它是站在旁观者的角度，叙述更为冷静、客观、可信。尽管在同一篇文章中，人称可以更换，但在一段记叙中人称不宜更换。至于第二人称，实际上它并没有在记叙文中使用过。然而，有一些作品形式似乎是使用了第二人称，例如，以"你"或"你们"为代词叙述，但它们归结到两种情况之下：一是代表读者，如书信式的记叙文，收信人就是读者，或者作者为了突出某种情感，用和读者交谈的方式叙述；二是代表作品中的人物。

2. 记叙的方式

写作时记叙的方式非常重要，可以通过不同的方式传达不同的信息和情感。一般来说，记叙的方式可分为时间顺序记叙、空间顺序记叙和内在联系记叙三种。①时间顺序记叙，它是最常用的记叙方式，可以让读者清晰地理解事件的发生和发展。通常情况下，事件先来后到，时间顺序也相对固定，写作时要尽可能准确地表达出来。②在空间顺序记叙中，作家常常侧重描写空间和位置信息，让读者更清晰地了解事件的不同发生地点。这种记叙方式也可以用来凸显一个地方的重要性，并且更容易让读者沉浸在情节之中。③内在联系记叙，它是以事件内部的联系和逻辑为基础，非常灵活。它可以不按照事件的发生时间和空间位置，而是根据事件的内在关系和寓意点展开叙述，从而传递更为深刻的思想或思考。

三种记叙方式并不是孤立存在的，作家在写作过程中也可以根据情节需要对它们进行组合。无论使用哪种叙述方式，写作首先要符合顺承关系，重点是让读者感觉到故事的连续性、前后关联性和空间感。

3. 记叙的顺序

记叙的顺序可以分为五种，即顺叙、插叙、倒叙、补叙和分叙。顺叙是最常见的记叙方式之一。它按照事情发展的顺序或事物发生、发展的先后次序来记叙，是最基本的叙述方法。在顺叙的基础上，还有其他的记叙方式，这些方式在不同的情境下，有着各自的特点和用途。插叙是指在记叙过程中，把记叙线索中断，插入相关的一些事情的叙述。插叙可以帮助读者更好地理解和把握故事情节的发展。插叙还可以丰富文本的内容，让文本更加有深度和广度。倒叙则是把事件的结局或事件中最突出的片段特意安排到前面叙述，而后再按事件的原来发展顺序记叙。此种方式，可以增加读者的阅读兴趣，制造悬念，让读者更加想深入了解事情的发展过程。补叙则是在记叙过程中对事件情况或事物状况需要做某些解释或说明或补充介绍。补叙一般不会用来记叙发展原来的情节，只是对原来的记叙起丰富和补充作用。在对某些事件或物品进行解释和说明的时候，补叙非常有用。分叙也被称为平叙，是指记叙在同一时间内不同地点发生的事情或一个事件不同方面的情节。分叙能够让读者全面了解故事情节，同时也能够为文本的内容添加更多的细节和色彩。

（二）议论

议论作为一种表达方式，在任何一种文体的文章中都可以被运用。议论的一般形式和表达方式主要是针对作者发表对人物、事件、客观世界和主观世界的观点、看法，带有较强的感情倾向。议论可以摆事实、讲道理、论是非，而表明的褒贬色彩则是在作者的情感体验基础上，依据客观事实进行判断和表达。任何一种文体在文章中都要求内容充实、观点独特，同时要求表达方式新颖生动，让读者更好地理解作者的意思。

议论的种类有：写人记事的文章中的议论，小说中的议论，报告学中的议论，通讯中的议论，散文中的议论，说明文中的议论。不同种类的议论有不同的需要和表达方式。

（三）说明

说明是一种表达方式，用简洁明了的文字阐述事件的来龙去脉、人物的特征、事物的性质特点、成因关系、功能用途等内容，以便读者理解。随着现代社会的发展，说明方法的应用范围越来越广泛，已经成为各种文体中必不可少的表达方式。说明语言要求简练准确、形象生动，力求使读者易于理解。同时，说明与记叙、描写、议论等不同，需要根据具体情况恰当运用。除了在说明文中是主要表达方式外，在其他文体中，恰当运用说明方法可以增强表达效果，充分展开主题思想，具有重要的作用。总之，说明是十分实用的表达方式，值得在写作时多加运用。

（四）描写

1. 描写的类型

描写是指作者用生动形象的文字，把人物的姿态、情况、动作以及景物的状态、特征、性质等具体细致地描绘出来。从描绘的角度来看，可以将描写分为人物描写和景物描写两类。

（1）人物描写

人物描写，从描绘的角度看，可分为概括描写、肖像（外貌）描写、行动描写、语言描写、心理描写、细节描写等（图5-1）。

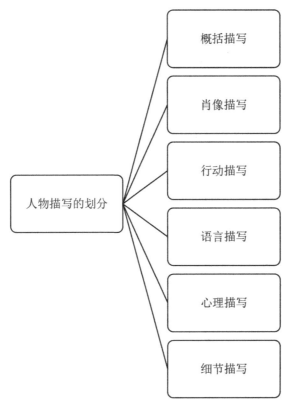

图 5-1　人物描写的划分

第一，概括描写。概括描写是指用简练的语言，概括地描写一个人的特点和特征，将其性格、习惯、背景等传达给读者，让读者对所描绘的对象获得直观的印象，使读者更好地了解人物的言行和思想精神境界。概括描写通常不是对细节的详尽叙述，而是在形式上简洁明了，充满生动形象的语言。

第二，肖像描写。肖像描写又称为外貌描写，它主要描述了人物的外在形态，包括容貌、神态、体态和服饰等，描写的目的是展现人物的性格特征，并且要符合文章的整体主题。

需要注意的是，肖像描写要以"形"传"神"，人物的性格特征就是这个"神"。

第三，行动描写。行动描写可以用来描述人物的行为，即行为描写。通过描写人物的行为，让读者可以深入了解人物的性格、思想和情感。例如，可以通过描写一个人物的眼神、手势和面部表情来展现他的心情和感情变化；通过描写一个人物的动作的细节，让读者更加深刻地感受人物的内心世界，等等。作家茅盾强调，人物的性格必须通过行动来表现。

第四，语言描写。语言描写对于描述人物形象和情感状态都具有很大的作用，而对话描写更是如此。好的语言描写应该着眼于人物说话的特征，把握住每个人物的独特性格，能够很好地展现出每个人物的内心世界和情感状态。

第五，心理描写。心理描写是指对作品中人物内心活动的描写。它在刻画人物形象、表达主题和反映人物性格方面都起着重要的作用。心理描写有多种方法，通过它们来展示人物的思想感情，具体有以下几种：①人物可以通过自言自语的方式表达自己的内心感受和思想情感。②在刻画人物的内心活动时，可以直接交代和说明。例如，使用"他想""他回忆""他暗暗想"等句式。③使用幻觉来描写人物的心理活动，展现人物的内心世界。④运用梦境来描写人物的心理活动，在小说和影视作品中较为常见。

第六，细节描写。需要注意的是，细节和情节是不同的概念。细节只是情节的构成要素之一。情节包括事件的发展和经过，细节描写可以涉及事件、人物、景物等方面，描写的范围广泛。

（2）景物描写

一般来说，作品中的景物描写既能呈现人物对现实生活的态度，又可以表现景物对人物的某些影响。它通常包括对自然风景、社会环境及场景的描写。景物描写不仅能表达人物对现实生活的态度，还能体现景物对人物的影响。景物描写通常包括自然风光描写、社会环境描写和场面描写三部分。

第一，在应用自然风光描写方式时，作品中常常描绘自然环境及其景色，特别是小说和散文中更常使用此种描写方式。

第二，社会环境描写的应用则更为广泛，它可以囊括对国家、地区、城市、场所、住宅以及房间等各类环境的描写，内容则包括当地的风土人情、人物活动、场所布置、装饰以及陈设等。

第三，场面描写则专注于一个时间与地点内众多人物活动的总面貌，主要表现形式有劳动场面、战斗场面、工作场面、集市场面、会议场面等。场面描写需注意点面结合，既要交代清楚时间、地点和中心事件，又要突出人物，烘托场面，以此激发读者的兴趣，并有效展现人物的性格和心境。

2. 描写的表现手法

描写包含了人物描写和景物描写，通常有以下几种比较常见的表现手法：①静态描写，即描写景物在静止时的状态。②动态描述，描述景物处于不断变化之中的情况。③客观描述，通常是指对景物的真实情况进行较为真实的描述，也就是借景抒情，通过景来描述事物。④主观性的描述，即作者在作品中带有一定主观性的情感色彩，如喜、悲、忧、愁、彷徨、惆怅、苦闷、恐惧等情绪对客观事物进行描述，而且有意识地或无意识地将自己的情绪融入这些事物之中，也就是触景生情。⑤对比法和反衬法描写，指的是人物所见的景象与人物的情绪（心境）正好相反。

总之，不管是什么描写，都要符合文章的主题，否则千言万语描述得再好，也会偏离正题。

（五）抒情

抒情是指作者或者文章中的人物用极具情感的语言，来表达对人或者物的各种感情。

1. 抒情的作用、总体要求

抒情并非是目标，只是一种方式。抒情的最大作用在于可以让文章或作品中的人物和事物的形象（印象）变得更加鲜明、更加强烈、更加深刻，让文章或作品的内容更加丰富，情感更加浓郁，因此可以更好地将文章或作品的主题凸显出来，提高文章或作品的感染力。也就是说，抒情是可以让文章或作品的思想内容具有很强的感染力的创作技巧。对抒情的总体要求是：一要有真情，不可做作，不可杞人忧天；二要注重情感的丰富与复杂，切勿将情感简单化、概念化、程式化；三要确定立意，表达出文章或作品正面的主旨意义，切勿过分抒情，滥于抒情，否则就会本末倒置，脱离主旨。

2. 抒情的类型划分

从语言的表现形式来看，抒情通常可以划分为两种类型：一种是直接抒情，一种是间接抒情。

（1）直接抒情

直接抒情又称直抒胸臆。就是作家和作品中的角色，他们将自己的爱和恨、赞扬和贬斥、赞美和责备的思想感情直接表达出来。直白的抒情通常不要求叙述任何事情，只需把自己的想法表达出来，情感是开放的、强烈的，有很强的感染力。

（2）间接抒情

间接抒情和直接抒情的不同之处在于，它是以叙述（记叙）、议论、描写等形式来表达情感。

第一，记叙抒情或者叙述抒情是通过两方面来体现的。一种是以记叙的形式来表现事物或者事件，另一种是将自己的感情以特殊的方式表达出来。一般的记叙，是需要把一件事或者一个事件详细、完整地描述出来，并且可以清晰地看到整个事情发生、进展的过程。而在记叙抒情中，要有抒情的叙述，要有感情。记叙抒情，不是一定非得把一件事或者一个事件写得很完整。

第二，用言辞表达情感。言辞受作者的思想情感的约束与控制，与普通的议论有很大的区别，因为它没有列出论据，也不要求证明自己的观点，仅仅是抒发感情的方式。

第三，以情境描述表达情感，叫作"情境合一"。这种抒情方式可叫作"景语"，也可叫作"情语"。

第四，在充分地描述之后再抒情，这种描述只是一种方法，最终目的是表达作者的感情。

第五，先进行抒情，再进行具体的描写。

第六，先抒情，后补充说明；或者先记叙说明，后抒情。

第七，托物抒情，这种抒情就是寓物寄情。

第八，象征抒情。象征抒情就是用象征的手法进行抒情。

第九，在记叙、描写中进行抒情。

除上面所介绍的这些抒情手法之外，还可以运用一些修辞手法来展开抒情，举例来说，可以用拟人、排比、反复、双关、反语、夸张、重叠、呼告等修辞方法来表达某些强烈的情感。

二、中学语文写作的作文技巧

写作有很多技巧，这里主要介绍写作的基本思路和框架。

（一）作文的开头

任何一篇作文都有一个开头，而这个开端是一个完整作品不可或缺的组成部分。一篇作文的开场白，一定要跟作文的主题紧密关联。通常来说，标题必须紧扣主题，按照主题选取合适的标题。但是，作文的开始部分又表现出了相对独立的特征。因此，在写作时注意作文的开场白，它对于增强作文的表达能力非常重要。以下是关于在一篇作文开始时常用的几种方式。

（1）记叙文类文章的开头

应当先了解和把握人物的特点，根据人物的特征和个性，选用与文章内容相匹配的开头。

（2）通讯、报告文学类作品的开头

这种适合那种反映名人或有神奇色彩人物的一类文章。

（3）随笔、杂文、游记等散文类的开头

可分成两种类型：一种是叙事性杂文，它的开篇适合于用一些具体的东西作为线索来安排素材，并衬托出主题；另一种是抒情性杂文，抒情杂文的开篇比较适用那些托物抒情的文章。

（4）小说类作品的开头

小说的开头，无论短篇、中篇，还是长篇、巨著，都要求一开篇就出现小说人物。

（5）议论文为题材的开头

根据论证方法的不同，议论文可分为两类：一类是阐明正确的观点、论点和看法，主要强调"立"，称为"立论"；二是驳斥消极的或不正确的观点、论点和看法，主要是强调"破"，亦称"驳论"。

总之，一篇作文的开场白只有两种，一种是以一件事情为开场白，一种是以提出问题为开场白。可以看出，在一篇作文的开始阶段能够直奔主题、直截了当，是写作的基础。关于开始的确切方式，其实是不断变化的，并无规律可循。比如，有些开篇就是一首警句，有些引经据典，有些是描写情境，有些是为了表达自己的观点，有些是为了表达情感，有些是为了讲述一个小故事，有些是对整篇文章进行概括，等等。

（二）作文的结尾

作文的结束语和开场白一样，并非单独存在，而是具有一定的相对独立性。通常来讲，一是作文的结束语要与作文的内容自然而然地协调一致，二是要贴切，与篇幅吻合。

一篇好的文章，贵在结尾。下面是经常使用的八种结尾方法：①"画龙点睛"法，这种结尾是用简练的语言对全文进行小结归纳，它有揭示主旨、画龙点睛之作用，这是用得最多的结尾方式，这种结尾给人的感觉是简洁、清楚。②自然结尾法，即用事情的结果作为文章的结尾，事物叙述完了，文章随之结尾。③首尾呼应法。结尾和开头相互呼应，浑然一体，这种方法能唤起读者心灵上的美感。④启发式结尾法，即结尾给人以某种教育或启发，给人一种"言已尽，意无穷"的感觉。启发式结尾法适合于童话、寓言故事。⑤引用佳句法。用名言、警句、诗句、俗语、歌词等收尾，洋溢诗意，揭示真谛，意味深长。⑥联想引申法。结尾处展开联想，由此及彼，由表及里，从而使主题得到升华。⑦疑问式结尾。有意地设计疑问，激发读者思考的涟漪，给读者留下自由思考的时间和空间，以增加结尾的魅力。⑧煽情结尾法，指作者用富有感染力的话语，去激发读者的感情之火，使读者获得回味无穷的艺术享受。

总而言之，结尾应该是文章的压轴部分，它同文章的开头一样是至关重要的。

（三）作文的过渡

过渡通常是一段文字从前面的一段转移到后面的一段，在表述时，要用可以将语境联系起来进行转化的语言，可以是一个词语、一个短语、一个句子、一个语段。在每一篇作文中都存在着层级，通常都要有过渡转换的词语或者句子，只不过有的多有的少，不然一篇作文的内容无法达到前后连贯、表述一致，更不可能做到结构严谨和全文浑然一体。假如在不同层面没有过渡，将会产生"断层"，轻者使读者觉得语义上的跨度太大，难以理解，容易让人看得一头雾水，不知道这篇文章是什么意思。在作文中，过渡是一个非常关键的环节，良好的衔接对作文的表达有很大的影响。

过渡段起承上启下的作用，它的内容是连接上下段落的，所以在文章中：划分段落的时候，过渡段一般起的作用，在结构上，就是承上启下，在内容上，就是要由上面的内容向下过渡，引出下面的内容。

（四）作文的照应

照应，就是在一篇作文或是一部著作中，之前出现的人、事、物、情节等，在之后又以变化的方式重现出来，它使作品或文章的结构更加严谨、更加连贯，主题更加突出，更具有强烈的感染力。有的时候把照应称"回应"，有的时候称"呼应"。凡是好的著作，都要注意到开头和结尾的呼应，不然就会给人不连贯、不严谨的感觉。一部好的著作要非常注重照应的运用，常见的照应写法有以下几种：

1. 开头与结尾相互照应

开头与结尾相照应又叫首尾照应，这种写作手法是指在开头和结尾的内容上有着密切的关系，是对同一情况作出的解释和说明。前有伏笔，后有照应，使内容完整，结构紧密。首尾呼应写法如果以人物或现象开头，同样要以这个人物或现象结尾；如果在开头点明中心，那么结尾就要升华主题。

如果在文章的开头部分对某事物进行了描写，那么在文章结尾的时候还应对其进行必要的刻画；如果在文章的开头部分提出了一个问题，那么在文章结束的时候就应该把解决问题的办法交代清楚。例如，鲁迅的《故乡》，在文章的开头部分，作者用了一大段文字对眼前故乡的景色进行了描写，在文章的结尾部分，作者又用简练的文字对心中那幅美丽的"图画"作了描画。这样做，除了能使前后文形成一种鲜明的比照，还能使文章首尾呼应。

2. 正文与标题相互照应

文章的标题应该是对文章主要内容的高度概括，因此，文章正文的展开是片刻也离不开文章标题所确定的范围的，否则就有跑题的可能。从某种意义上而言，文章的正文就是对标题的具体注释与详细说明。此处以朱自清先生的《背影》一文为例来看看正文与标题的照应。在认真阅读、仔细分析后我们会发现，《背影》正文中有多处与标题相照应，文章的所有内容都和标题有关，都没有离开"背影"所确定的范围，对"背影"的交代是具体而详细的。读罢文章之后，我们既对"背影"的内容有了一个清晰的了解，又对"背影"的产生缘由及其影响有了一个大致的了解，而这样比较全面的了解，是与作者照应手法的恰当运用分不开的。

文章标题往往与话题、主题有直接的联系，照应标题不但显得首尾圆合，而且能显示话题意识，强化文章主题。

3. 悬念上"设"与"解"的相互照应

作者设置悬念的主要目的是使文章的情节更加曲折、生动，进而增强文章的吸引力。前文设置了悬念，后文就应该解开悬念，在一"设"一"解"之间也会很自然地完成一次照应。

层层设疑，倍增魅力。层层设疑，一般包括三个环节：一是设下"谜面"，即提出一个悬而未解的问题；二是发展悬念，即利用"悬"而有"念"的因素使读者急于求解；三是拨开疑云，即真正揭示"谜底"。

4. 伏笔中前"伏"后"应"的相互照应

"伏笔"是写作中常用的一种表现手法，它可以理解为前段文章为后段文章埋伏线索，也可以理解为上文对下文的暗示，它的好处是交代含蓄，使文章结构严密、紧凑，读者读到下文内容时，不至于产生突兀怀疑之感。伏笔是文章里前段为后段埋下的线索。文章的前面如有"伏"，后面自然就要有"应"，前"伏"后"应"便构成了照应。

使用伏笔应注意：①有伏必应，如果在开头提到了一些内容，那么在第二或第三段就要提到同样的内容，不伏不应是败笔，只伏不应同样也是败笔。②伏笔要伏得巧妙，切忌刻意、显露。伏笔一般要做到让别人无法轻易觉察到，要做到如风行水上，自然成文。③伏笔要有照应，前后不宜紧贴。如果伏笔前后贴得过近，反而会使文章显得呆板，读起来显得枯燥。

在同一篇文章中，某些反复使用的语句、某个多次出现的细节等，也都可以构成照应，使文章产生一种回环的美。

（五）作文的结构

"开篇""结尾""过渡""照应"，本质都是一篇作文的结构问题。关于一篇作文的构造和写作方法，适用于多种不同风格的文体。关于不同风格文体的结构，我们会在下一章详细阐述，所谓"结构"，就是指所有风格的结构和结构手法。

在介绍结构之前，我们先把结构中两个重要的内容即文章层次和段落的概念弄清楚：①文章级别。简单地说，就是人们在解读文章、讨论文章的时候经常说的"意义段"，是文章内容的前后顺序，是客观事物发展到一定阶段和人的思想发展的一定阶段及过程在文章中所体现的一定步骤。②对全文的分段进行分析。从格式上看，一篇文章的段落是指它的一个自然段，它的每段前均留有两个空格；从含义上讲，这是笔者思维发展过程中的一步，隐含着一定含义，体现着笔者一定的意向。从结构上看，篇章是最基本的结构单元，层级和段落之间的关系，也就是语段。

段落与层次之间的联系，通常一段只能表达一种层级的意义。有时候，一段话中也会包含着好几个层级的意义。另外，在某种程度上，一层意思需要用若干段的结合来表达。也就是说，当一个段落含有层次意思的时候，可以说段落比层次更重要；当层次要求多段表达时，就变成层次比段落更为重要。一部作品的内容虽然变化万千，但有着某种规则在其中。在真正的写作过程中，它的文字框架也逐渐成形。因此，作品的结构和结构技巧，就是如何排列好作品的分层段落。下面列出了七种常用的写作方法。

第一，总—分句的写作方法，它有两种表现方式：一是先总体叙述再分层次叙述，或先总体叙述之后再分层次叙述，最后再做总结叙述，也就是说，前一段与后面几段之间的关系，称为先总后分式；二是先分层次叙述，最后再整体总结叙述，就是前面几段与最后一段之间的关系，称为先分后总式。比如，《天山景物记》和《我的教师》都采用了总分式写作方法。

第二，连续式写作方法，就是按照事情在发生的时间上或事件进展的先后顺序来排列作文的层级和段落，因此，作文先后层级的意思呈现为连续式。比如，记叙文《为了周总理的嘱托》和说明文《一次大型的泥石流》都属于连续式写作方法。该写作方法也可以用于论述类文章。当然，在论述类文章中使用连续式的情形相对较少见，主要是在思想研究、政论报告、学术论文等文章中使用。

第三，并列式写作方法，即句子中各个层次的含义都是平行的。如叙述性文章《任弼时同志二三事》、解说性文章《食物从何处来》等，都采用了并列式写作方法。

第四，因果式写作方法是指在篇章中各个层级的相互影响，它有两种表现方式，一种是前因后果关系，一种是前果后因关系。比如，议论文《骄必败》和叙述文《第二次考试》都采用了因果式写作方法。

第五，对比式写作方法，指的是将一套相对或相似的题材，有序地排列在一起并写在文章中，此种方法是为了产生一种强烈的对比，或者是一种距离，以强调文章的主旨（主题）为目标。比如，议论文《崇高的理想》，记叙文《一件小事》，说明文《奇特的激光》，均采用对比式写作方法。

第六，递进式写作方法，指在文章结构中，每个层次的含义都是层层递进，层层加深，呈现出渐进式发展的关系。比如，议论文《谈诚实》、记叙文《挥手之间》和说明文《宇宙里有些什么》都采用了递进式写作方法。

第七，综合式写作方法，是一种较为复杂的写作方法，就是在作文各个层面的意思之间，采用了不同方式来布置彼此之间的层级关系。比如，议论文《论"费厄泼赖"应该缓行》，说明文《语言的演变》，报告文学《为了六十一个阶级弟兄》，等等，都采用了综合式写作方法。

第二节 中学语文写作的作文手法与整体把控

一、中学语文写作的作文手法

写作技巧是指一种特定的写作方法，是对一篇文章或一部作品进行整体表达，而不是对其内在的内容进行描述的方法。所谓"写作技巧"，就是在一般意义上对一篇文章或一部作品所使用的基本的表达方式。

本文所论述的"象征""对比""衬托"等写作技巧，并不局限于一种写作方式，而是可以应用到许多不同的写作方式中。这种方式不同于借物来表达感情，与作品的结构既有关联，又具有独立性。中学语文写作的作文手法如图 5-2 所示。

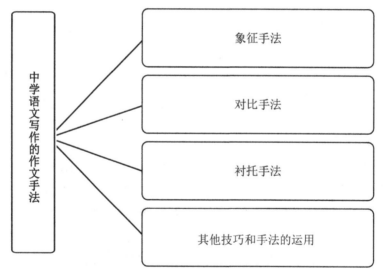

图 5-2 中学语文写作的作文手法

（一）象征手法

这里的象征并非是修辞上的象征修辞格，而是一种独特的写作技巧。虽然二者在某些方面存在相似性和关联性，但功能却截然不同。象征修辞格只是在语言表达上的修辞方式，而象征写作技巧是在一篇文章或一部作品中进行语言表现、主题立意、谋篇布局的写作技巧。

象征手法是可以通过设定的、易于引发遐想的具体形象，以此来表达与之类似特点的感情、思想以及概念的艺术手法。比如，用蜜蜂象征着勤劳无私的人们，得到了全人类的认同。

事物的象征性意义并非一成不变，而是随着不同民族、国家或群体或个体的不同而变化的。象征一定是从生命中产生的，脱离了生命，脱离了真实，象征就会丧失含义，不能被使用。人们永远不能随意给任何东西赋予象征性的含义，比方说，革命军人或战士不惧艰险，百折不挠，青春永驻等崇高的品格，就不用杨树来象征，而是用松柏来代表，理由是，松柏虽为树木，自身也不具备以上种种优良、高贵的品格，然而松柏所拥有的特性，例如，它们不畏风雨，不畏冰雪，不畏严寒，不畏洪荒，巍然屹立，四季不朽腐，万古长青，等等，这些都是革命军人和战士的优良品格。再加上，中华民族从远古时代起，就对松柏抱有强烈的热爱和崇拜，因此，两种文化之间就产生了联系，自然而然地，人们就用它来代表革命军人和战士的革命情怀和至高品质。

以高尔基的名作《海燕》为例，可以看出象征手法在小说中的应用。在俄文中，海燕被用来传达风暴的消息，或者是风暴即将到来的先兆。海燕，就是一种灰色的、长着一对细长的翅膀，在风暴到来以前，从海面上掠过的鸟儿。高尔基就是在这部名作中，将"海燕"比作为俄国无产阶级一场风暴中的一位革命者的形象：

> ……在苍茫的大海上，狂风卷集着乌云。在乌云和大海之间，海燕像黑色的闪电，在高傲地飞翔。一会儿翅膀碰着波浪，一会儿箭一般地直冲乌云，它叫喊着，——就在这鸟儿勇敢的叫喊声里，乌云听出了欢乐。在这叫喊声里——充满着对暴风雨的渴望！在这叫喊声里，乌云听出了愤怒的力量、热情的火焰和胜利的信心。

（二）对比手法

对比是一种写作技巧，可以被广泛地用于多种写作形式，对比手法与象征修辞手法一样，与真实的生命有着紧密的关系。从这个意义上来说，对比修辞法更多的是来自现实。世间处处都存在矛盾、对立面、真伪、美丑；善恶、新老、好坏、大小；高低、长短、粗细、方圆；水火；等等，都是不以人类的意愿为转移而客观地存在于现实生活中的。对比技巧指的是，出于要传达一篇文章或者一部作品的主题的目的，将一组对立的事物进行对比和比较，通过对比来让读者更加清楚地认识到问题的本质，更深入地了解各类作品或著作。

如果将比较手法恰当地应用在了一篇文章或作品中，不仅可以影响整篇论文的谋篇布局，还可以加深文章的主题，因此在写作时可以给予参考使用。

例如，《一件小事》的对比手法，作者先用"国家大事"和"一件小事"进行对比：

> 我从乡下跑到京城里，一转眼已经六年了。其间耳闻目睹的所谓国家大事，算起来也很不少；但在我心里，都不留什么痕迹，倘要我寻出这些事的影响来说，便只是增长了我的坏脾气，——老实说，便是教我一天比一天的看不起人。但有一件小事，却于我有意义，将我从坏脾气里拖开，使我至今忘记不得。

这样一对比，突出了"一件小事"的意义。然后，作者叙述"一件小事"，用"我"对"老女人"的态度和"车夫"对"老女人"的态度进行对比：

> 伊伏在地上；车夫便也立住脚。我料定这老女人并没有伤，又没有别人看见，便很怪他多事，要自己惹出是非，也误了我的路。我便对他说，"没有什么的。走你的罢！"
>
> 车夫毫不理会，——或者并没有听到，——却放下车子，扶那老女人慢慢起来，搀着臂膊立定，问伊说：
>
> "你怎么啦？"
>
> "我摔坏了。"
>
> 我想，我眼见你慢慢倒地，怎么会摔坏呢，装腔作势罢了，这真可憎恶。车夫多事，也正是自讨苦吃，现在你自己想法去。
>
> 车夫听了这老女人的话，却毫不踌躇，仍然搀着伊的臂膊，便一步一步地向前走。我有些诧异，忙看前面，是一所巡警分驻所，大风之后，外面也不见人。这车夫扶着那老女人，便正是向那大门走去。

作者通过对"一件小事"叙述，进行了人物对比，使车夫的坦荡和勇于承担责任的优秀品质与"我"小资产阶级知识分子的自私自利思想品行跃然纸上。接着，作者又用心理活动描写来进行对比：

> 我这时突然感到一种异样的感觉，觉得他满身灰尘的后影，霎时高大了，而且越走越大，须仰视才见。而且他对于我，渐渐

地又几乎变成一种威压，甚而至于要榨出皮袍下面藏着的"小"来。

这个心理活动描写所进行的对比，作者让"我"自己说出车夫的崇高和"我"的渺小来，令人信服。同时，也表明鲁迅勇于解剖自己的伟大人格。

（三）衬托手法

反衬技巧，指的是通过描绘和烘托一个物体或一个人物，来表达另外一个物体或一个人物。描绘前者（首先着意地描绘、渲染某一物体或人物）仅仅是一种手段，而重点是在于对后者（达到展现另一物体或人物的目的）的描绘。比如，"烘云托月"就是一个很好的例子，在《习语》中，人们对"烘云托月"的理解是：烘亦渲染之意，托乃衬托之意。原本是在绘画中，为了映衬明月而涂上云层，后来被用来形容绘画时，从侧面来描绘，强调重点和要点的技巧。而这种从侧面渲染以显示或突出主体的写作手法被人们称为"衬托式写作"。在实际应用中，有些作品整篇使用了衬托手法，有些则是部分使用了衬托手法。

杨朔的《茶花赋》在前面提到它时，说它运用了象征的手法，现在从另一个角度看，它又使用了衬托的手法，也可见作文手法在写作中从来不是单一的运用，可以交叉地运用多种作文手法，从而使谋篇布局达到最佳效果。

请看《茶花赋》中的衬托：

> 花事最盛的去处数着西山华庭寺。不到寺门，远远就闻见一股细细的清香，直渗进入的心肺。这是梅花，有红梅、白梅、绿梅，还有朱砂梅，一树一树的，每一树梅花都是一首诗。白玉兰花略微有点儿残，娇黄的迎春却正当时，那一片春色啊，比起滇池的水来不知还要深多少倍。

> 究其实这还不是最深的春色。且请看那一树，齐着华庭寺的廊檐一般高，油光碧绿的树叶子中间托出千百朵重瓣的大花，那样红艳，每朵花都像一团烧得正旺的火焰。这就是有名的茶花，不见茶花，你是不容易懂得"春深似海"的妙处的。

在文章的开头，首先是描写和赞誉了其他花朵，然后又对茶花进行描写，让人"不见茶花"，却能够体会到"春暖花开"的意境，发自内心地感受到"茶花之美"。

作家通过写其他的花来烘托出茶花，又通过对茶花之美的描绘，衬托出努力美化生活的勤劳的园丁———普之仁，再通过养花人之人普之仁来衬托出了仁爱、聪慧、辛劳的中华民族。正是层层烘托，才使文章的主旨得以显现。

（四）技巧和手法的运用

写作技术与写作技巧，二者并不是各自独立的，而是相互交错的，所以，在写文章时，应该将两者结合。但是为了便于理解，这里将这两个问题作为一个相对独立的范畴。相对其他国家而言，中国的语言教育既有着汉语语言的特点，又有着独特的优越性。鼓励各位同学养成通读、熟读、精读文章（课文）的习惯，并在其中感悟并感受到怎样的写作手法和写作技巧。

第一，不要孤立地去寻求好的作文技巧和作文手法。任何一种作文技巧和作文手法，在写作中怎样去选用，取决于文章的内容。简言之，文章的内容决定采用什么作文技巧和作文手法。作文写作时，必须从文章的内容以及整篇论文的表达角度出发，去思考使用什么样的写作技巧、写作手法，而不是首先思考使用什么样的写作技巧和写作手法，否则就无法写出优秀的作品或者文章。换句话说，就是必须将写作技巧和写作手法与文章的内容相结合，而不能将优秀的写作技巧和手法与作品的内容分离开来。

第二，使用什么样的写作技巧和方法，一定要以文章的主题为依据，从整篇文章的实质需要着手。若对作品的主题和要表述的话题不加以重视，随意地选择一种写作手段，则是极其错误的。所以，在写作时，决定怎样用和用怎样的作文手法、作文技巧，必须从文章实际需要出发。只有从文章实际需要出发，才能考虑选用好作文手法、作文技巧，否则就很难写好文章。

第三，用好作文手法、作文技巧，靠多读、多诵、多写。当然，学习写作技巧和手法并不是一件轻而易举、一蹴而就的事。但是，如果可以做到勤读、勤诵、勤写，就可以将写作技巧和手法掌握并应用好。无论听过或见过多少关于写作技巧和手法的书籍，若是不亲自练上一练、写上一写，那么就不能获得属于自己的技能。但是只要用心练习，精心钻研，脚踏实地地去写作，就能掌握相应的能力。

二、中学语文写作的整体把控

中学语文写作的整体把控如图5-3所示。

（一）审题

文章审题所涉的客体为命题型作文。文章写作分为两类：一类是广义写作，另一类是狭义写作。从广义的角度来看，命题作文包括扩写作文、缩写作文、看图作文、改写作文、材料作文等。而在狭义上，则是仅仅给出一个题目，不做任何补充，让作者自己判断题目并写作，一般将其称为"命题作文"或"常规命题作文"。

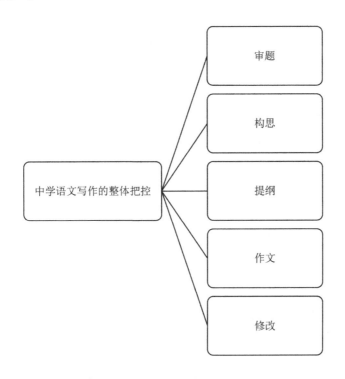

图 5-3 中学语文写作的整体把控

"常规命题作文"是一项基础性的写作。掌握了一般命题作文的审题技巧，对限定和广义命题作文的审题技巧就会有很大帮助。选题对于写作，特别是对于应试写作来说，非常重要。若没有正确审题，常常会导致整篇文章的内容与命题相差千里，这将对作文的写作结果产生严重影响。

常规命题作文的审题包括：①审题材，也就是审作文的内容，看作文要求表现什么，简称审内容。②审查风格，也就是审查作文的风格，看看它需要用什么样的风格来撰写，简称审查风格。③审查表述，也就是审查稿件的表述方法，看看作文需要或适合何种表述方法，简称审查表述。

（二）构思

构思，是人脑中比较复杂的思考方式。在本文中，构思主要是指在写作时的构思。构思，是指作者在审题之后，通过想象、联想、回想的方式，来决定作文的内容和主旨以及对材料的选取、组织，此写作思维过程既有逻辑性又有理论性。不管这些资料是真是假，在被写进作文之前，它们都只是一种假设。所谓"逻辑性"，就是作者在创作的时候，不管素材是真是假，都要符合逻辑。一篇作文，首先要审查题目，其次才是构思。在设计过程中，想象、联想、回想是必不可少的要素。没有它，就无法构思。作文在写作时，需要重点注意三个方面：一是作文的写作要有一个明确的主题和主旨，二是要把握好选材问题，三是要把握好素材的结构。

1. 确定文章的内容和中心思想

无论一篇作文的内涵如何，它的主旨都只有一个。以《一件小事》为例，作者所界定的文章内容，即为一位赶车人的经历，以及"我"对此事的思维认知。该文的主旨是赞扬车夫崇高的品质，他们是工人阶级的一分子，拥有敢于承担责任，守正不阿，以及对自我审视、自我的评判的精神。

2. 确定文章材料的选用

选材的好坏，直接影响作文的具体内容和主旨。比如，在《拿来主义》这篇文章中，作者就是通过列举"闭关主义""送去主义"等现象，揭示其本质、危害以及后果，然后，又引出了"拿来主义"，并在此基础上，指出了三种对文化传统的不正确看法，并提倡"拿来主义"。若作者在所选素材中没有使用"闭关主义""送去主义"等观点来强调"拿来主义"的存在性和重要性，则很难证明"拿来主义"的本质。

3. 确定文章材料的组织

一篇文章的效果如何，在很大程度上取决于如何组织文章材料。文章材料的组织基本方法一般常见的有三种，其他方法都是由此派生出来的，具体如下：①通常依照事物（事件）本身发展的顺序及过程或时间推移的先后顺序安排组织材料；②依照空间转换的顺序安排组织材料；③依照事物（事件）的性质、特点等归纳分类安排组织材料。

材料组织构思，曾一度被人们视为玄妙，许多人感到不好理解，主要是因为它比较抽象。当然，构思，对我们而言，要清醒地认识到构思是人类大脑复杂的思维过程，是写作过程中复杂的思维过程，但只要我们勤学苦练，勤于开动脑筋，勇于开动脑筋，善于开动脑筋，就能够掌握并灵活运用构思的方法来为文章写作服务。

（三）提纲

在作文的撰写中，除了审题和构思外，还有一个重要的环节，就是拟定大纲。通常来说，大纲就是一篇作文的纲要，是一篇作文的结构框架，也是一篇作文在段落层面上的大意。假如说把一篇好作文比喻成一个灵动的人，则这篇大纲就是活生生的人健壮优美的骨架。认真的作家对写作大纲都非常重视。

编制提纲指的是将在构想时所做的假设和设计，以本文形式表达出来，并站在整个文本表达效果的立场上，修改、补充和完善，为接下来真正意义上的写作打下扎实的基础。写作大纲的最根本要求是中心突出，层次分明，段落清晰，结构完整。大纲的语言表述要做到全面、有序、简洁，让人一眼就能看清。大纲的基本格式如下：①概括全文大意；②作文开始部分；③全文的主要部分，这一部分包括段落大意、层次，要详细、简明，要强调主旨；④全文的结束。

（四）作文

作文时需要重视的情况有：①落笔前，要对文章语言的语感、语调、色彩等假定一个基调；②遣词造句要贴切；③要准确使用标点符号；④写文章应当讲究格式；⑤文字书写要规范，字迹要清楚，文面要清洁。

（五）修改

文章校订包含修改与检查两部分。凡是作文或著作，在撰写完毕以后，总是要进行一些修订，有些还要一次又一次修订，最终才能定稿。对文章进行修改，既是作者对读者、对社会应承担的职责，也是让文章或作品精益求精，达到更加完美状态的必要的方法和手段。作文的修改对初中生来说尤为重要，不仅可以将习作改得更好，更成熟，而且能够提升初中生的作文写作水平与能力。

对于初中生来说，作文的校订主要有以下四个方面：①校订文风，校订与作文主题不符之处；②对作文主题和内容进行审查，删改与作文标题不符的内容和题目，这样的删改，在刚入门的作者中比较常见，有些作文的内容，根本就没有达到标准；③修正与文章主题不符的表述；④核对语言、文字、标点符号、结构，并改正其中的错误之处。

第三节 中学语文写作的教学水平与创新策略

一、中学语文写作教学水平的提升

（一）指导学生学会观察，广泛收集写作的材料

要想写出好的文章就要做到多看、多练。"多看就是指多观察。观察是写作的前提和基础"[①]，如果学生在写作中感觉自己身边的事没有可写的，就说明观察不够，教师应该帮助学生养成观察的习惯，从中获取作文所需要的材料。当学生对一些熟悉的、平凡的人、事、景、物产生观察的兴趣时，从起因到过程、结果都会有新的发现。教师还要引导学生在观察的时候养成善于思考、随时记录的良好习惯，将自己观察到的情况、思考的心得记录下来，保护这些材料的利用价值。

如今我们正处在一个高度发达的信息时代，面对大量的信息，对于身心都处在成长阶段的中学生而言，面临的是应从中收集何种信息的问题。因此，教师要指导学生做好信息的收集工作，以免受一些不良信息的干扰。例如，为学生提供一些经典美文网站的网址、文学名著下载阅读的方法、图书检索方法等。学生只有广泛阅读有价值的写作材料，才能建立好自己的写作"仓库"。

（二）发挥学生主体地位，提升自助评改的能力

当前，我们要让学生学会独立修改作文，结合自己所学的语文知识，通过多写多改，提升自助评改的能力。新课改理念强调学生在学习中的主体地位，在作文的评改中，教师也要充分发挥学生的主观能动性，将传统作文评改中教师的主导地位转变为作文评改的引导者。首先，教师面对学生的作文不要按照自己的喜好随意打分数，而是应在认真阅读后提出自己的观点，以此指导学生对自己的作文进行修改。其次，教师还要将作文评改的权利交给学生，

---

① 王耀华．提升中学语文写作教学水平的策略研究［J］．中学时代，2013（12）：85．

让学生之间展开互评，并引导学生多从别人的作文中学习长处。最后，在教师批改、同学互改的基础上，学生对自己的作文进行自助性的修改，学生只有掌握了自改的本领，才能写出佳作。

二、中学语文写作教学的创新策略

（一）融入新媒体等先进技术、理念

新媒体技术在"互联网＋"的大背景下，日益发挥巨大的作用，新媒体打破传统媒体的适用范围、适用方式，形成了与传统媒体具有巨大差异的效果。新媒体技术等先进技术对于中学语文写作教学，同样是适用的，对于写作课程而言，利用好新媒体技术，打通教育新理念，就能够起到事半功倍的效果。

写作课程需要学生的参与，每个学生都需要在教师的指导下进行无数阅读与创作的实践，才能将自身文章打磨得更好，切实培养自身写作水平。而在阅读环节与写作环节，教师都可以利用好新媒体这一平台，从而起到更好的教学效果。具体而言，通过线上线下混合式教学模式，利用好公众平台等模式，教师能够十分方便地接收学生的习作，并进行反馈、批阅与点评，利用新媒体平台的灵活性、个体性等特点，能够让学生找到自身的习作风格、写作中存在的问题，更方便地完成创作、提交、修改等环节。

同时，利用线上线下混合式教学模式，教师的课堂教学也得到了极大解放，写作需要素材、案例，以及大量的材料作为支撑。在传统课堂上，教师往往只能通过优秀习作交流、写作素材展示等方式展开课程，从而浪费了大量时间，并且无法将全部的材料和内容展现出来。运用好新媒体技术，将优秀习作和写作素材放入班级资源当中，让学生自行浏览、学习，教师从中起到督促和反馈的作用，能够有效拓展教师的课堂空间，从而收到更好的写作教学效果。

在写作方法教育上，新媒体同样能够发挥重要作用，通过新媒体平台，学生能够掌握海量的学习资源，迅速获得古今中外优秀习作以及文学名著、历史知识等，一方面教师改变了教学方式，从灌输者变为介绍者、引导者；另一方面，对于学生而言，能够获得更多的学习自主性，获得更多的学习兴趣，培养文学个性，选择对自己写作有益的或个人感兴趣的内容，进行批量学习、系统学习、有针对性地学习，更好地发挥每一位学生的学习主动性和个性，中、

高考作文"八股"（八股也称制义、制艺、时文、八比文，是明清科举考试的一种文体）化的情况也将逐渐减少。

（二）先进的教育理论指导写作教学

如果说通过新媒体等新技术、新理论、新平台促进中学写作教学，为中学写作教学提供了技术支持，那么创新教育理论，用更新更好的教育理论指导写作教学，则为中学写作教学发展提供了坚实基础。以先进的教育理论指导写作教学，能够更好地促进写作教学的创新，向着规范化、专业化的方向发展。

需要注意的是，理论的研究不等于教条主义和经验主义，理论研究是在中学语文写作教学新阶段、新实践的基础上发展起来的，从创新性的写作教学当中，抽象出符合当下时代需求的教育理论，并且反哺于写作教学的实践，是不断发展的、积极的过程。我们需要认识到新理论与旧理念的区别，从而投入到写作教育理论的研究中，并用先进理论指导自身教育实践。

先进的教育理论，应当兼顾写作教学的各个环节，包括之前所提到的人文素养的培养，以及新媒体技术的运用等内容，都应抽象为教育理论中的一支，通过更加宽阔的视野，来构建理论框架。另外，当下教育的发展，越来越向着多元化、个性化的方向倾斜，因此一种教育理论必须有足够的广度，才能具有统领全局的意义。

先进的教育理论，也需要多元。单一的教育理论已经无法高屋建瓴地指导写作教学的全过程，那么理论的多元化也即将是大势所趋，在中学写作教学的理论界，我们并不需要一家独大的现象出现，多元化的理论发展将是大势所趋。

第四节　中学语文写作教学的创新思路探索

一、为学生提供更多机会

想要使学生通过积极思考实现写作创新，教师要为学生提供更多的思考机会。为此，教师要加强语文写作教学的设计，并完成一些具有新意的写作题目选择，进而引导学生学会积极的思考。

一方面，教师要从学生兴趣角度出发，通过深入挖掘教材内容找寻能够激发学生学习兴趣的"点"，并学习课文中作者语言表述和情感表达的方法，从而运用这些方法完成创新写作。例如，在学习《口技》这一课时，描写口技艺人声音的段落十分经典，值得学生学习。在教学中，教师还应考虑学生的兴趣，播放口技表演的视频，从而使学生的想象力和好奇心得到充分激发。在此基础上，教师可以要求学生通过思考自己创作一篇描写"口技"这门艺术的作文，以便学生在学习作者写作手法的同时，结合自身感悟和通过积极思考完成全新内容的创作。

另一方面，教师还要设计一些具有新意的写作题目，从而在激发学生写作兴趣的同时，引导学生完成写作创新。具体而言，就是教师要做到贴近学生的生活，可避免作文题目陈旧化和公式化，并展现时代气息。例如，在设计有关成长的写作主题与内容时，教师可以结合学生的兴趣，选择"哈利·波特的成长历程"等题目，并要求学生观看有关电影和从网上查找相关资料完成写作，进而使学生通过充分发挥想象力完成写作内容创新。

二、为学生提供写作动力

"一切事物的发展，都要依靠动力。同样的，学生的创新也要获得动力。"[1]对于中学语文教师而言，则要致力于为学生写作提供创新的动力，才能使创新教育得以长期进行。所以在中学语文写作教学中，教师不仅要引导学生进行质疑和思考，还要学会从学生创作的文章中发现新意，从而给予学生更多的鼓励和更多的期待。

在学生每完成一篇文章的创作后，教师都要尊重学生的成果，并从语言、布局和立意等多个方面寻找其中的创新之处，从而给予学生热情的鼓励。而采取该种方法，则能使学生自觉从语言、布局等多个角度完成写作创新，如在写作立意的过程中，教师就应该鼓励学生打破常规，能够做到"标新立异"。例如，在写作拟题的过程中，学生思维总是容易受到限制，拟出的题目总是缺乏新意。针对这一情况，教师要引导学生在拟题上出新、出奇，比如在围绕地震材料进行作文拟题时，对《与妻书》等充满新意的题目进行赞扬和关注，

---

① 周晓华. 中学语文写作教学中的创新教育探讨［J］. 福建教育学院学报，2017，18（6）：16.

从而引导学生从多个角度进行材料含义的挖掘。即便学生写作思路并不开阔，教师也要对学生敢于创新的态度给予肯定，从而使学生勇于面对自己。

在开展写作评价活动时，不仅教师要对学生展开评价，也要引导学生进行自我评价和相互评价。在教师进行评价的过程中，要加强对学生写作创新积极性的保护。而在相互评价的过程中，教师要鼓励学生各抒己见，勇敢进行质疑和问难，从而使学生写作创新的激情得到充分激发。而由于学生的思考角度不同，所以教师也能从中挖掘出学生的更多闪光点。对于学生而言，则能从中获得更多的启发和灵感，并且重新确立写作思路，进而更好地完成写作创新。此外，从这些评价中，学生将能找到自己努力和发展的方向，并且获得持续写作的动力，进而使自身的创新能力得到更好培养。

需要注意的是，中学语文教师在写作教学中应认识到创新教育实施对促进学生发展的重要性。所以，教师应积极进行写作课堂的创新氛围的营造，并结合学生兴趣完成具有新意的写作题目设计，从而为学生创新提供机会。同时，教师还应组织丰富的课外创新活动，帮助学生获得更多的感悟和灵感，以便为学生写作创新能力的培养提供条件。此外，为持续推动学生写作创新，教师要给予学生足够的动力，使学生最终发展成为具有创新能力的人才。

第六章　中学语文写作教学模式及其应用探索

第一节　中学语文读写结合教学模式及其实施

在素质教育背景下，中学语文教学已经不再停留于传统基础知识传授，而是朝着更加丰富的教学方式发展。尤其是在终身学习理念不断融入教学之后，虽然学生可以在读"屏"阶段获得更加理想的体验，但是这都需要以阅读素养为基础，同时，读与写之间是有着密不可分的关系的。如果在中学语文教学中教师可以从读写结合视角引导学生，这将有助于学生在读与写的相互促进中提升语文素养。

当前，中学语文教师要结合教学实际需求，积极寻找更多切实可行的教学方法落实读写结合教学模式。因此，教师需要结合学生的成长发展情况分析，科学引导，从而以科学的教学模式带领学生领悟读与写的真谛。

一、充分了解需求，因材施教引读

在中学教学中，每个班级都有很多学生。在中学班级中，不同学生的成长环境不同，读写基础不一，因此，在读写不同素材的时候理解程度也不同。想要提高教学效率，教师需要结合学生的情况，充分了解学生的状态，结合分层教学法分析，采取读与写能力为基础情况划分学生的层次，推送不同资源引导学生阅读。当学生在教师精准引导中找到符合自己的阅读资源后，学习难度就会降低，这样更利于让学生充分感受阅读中的乐趣，并在教师要求的学习和思考中完成抄写巩固，为读写结合学习思考奠定基础。

通过这种以阅读为主，分层了解学生状况，借助摘抄讲解与学生一同探讨学生学习结果的方式，可以让不同层次的学生都在教师设计的读写结合课堂中有所收获。

二、丰富教学模式，促进读写结合

（一）采用小组合作法精读，仿写促思

在科技飞速发展的现阶段，社会更加需要合作型人才。为顺应时代发展的需求，中学语文教学也需要注重学生合作素养的培养，从而在带领学生理解语文知识的同时培养出更多合作型人才。为达到理想的教学效果，教师有必要从以下视角加以引导：首先，教师先结合"组间同质、组内异质"的原则分析，将学生划分成不同的读写小组；其次，组织学生在组内精读，并对读到的比较好的地方进行仿写，与组内成员一同探索；最后，学生在组内分享阅读，实现读与写的相互促进。

（二）采用情境教学法教学，练笔抒情

在中学语文教学中，"丰富的情境有着不可忽视的吸引力，可以引起学生的关注，带领学生遨游于知识的海洋"[①]。因此，在教学中，教师在组织学生阅读的时候，可以结合丰富的资源分析，对照具体的阅读素材精准创设情境来吸引学生的注意力。当学生结合教师创设的情境入情入境地分析之后，原本沉闷的课堂氛围变得更加活跃，教学效率也会在教师的科学引导中得到显著提高。尤其是学生在丰富的情境中思绪也会变得更加开阔。此时，学生如果可以及时记录下来，将有助于产出高质量的练笔作品。

第二节　基于深度学习的中学语文写作教学策略

深度学习（Deep Learning）是关于学习层次的一个概念，即学习层次包括深度学习和浅层学习两个层次。深度学习是指"向发展学生理解整合知识的能力、发展学生批判思维和创新水平为基础的高度投入的动态学习过程，其最终目的是实现知识的迁移应用"[②]。基于深度学习的中学语文写作教学策

---

① 韦东平. 读中学写，写中思读——初中语文读写结合教学模式探析 [J]. 天天爱科学（教学研究），2023（1）：178.

② 周慧敏. 深度学习视域的初中语文写作教学研究 [D]. 西宁：青海师范大学，2021：10.

略具体如下：

一、提升教师的深度教学效率

（一）创设真实情境，建设对话课堂

建构主义理论认为，学生是在情境中进行学习的，知识也不是脱离情境而独立存在的。真实的情境是写作的基础，教师将学生带入情境可以实现学生抒发感情的愿望。在课堂的对话场中，真实情境的创设使得教师与学生的智慧相互激发，促进双方对话的发展。如果课堂不是对话的课堂，那么课堂主体是没有价值的。课堂教学是在平等的基础上，教师、学生、学习材料等多方对话的过程，这种"对话"是完全走出以往以知识传递为中心的固化模式，这种对话须取代将知识灌输给学生的形式，构建以"对话"与沟通为主的教学新平台。

教师可以将说话的机会更多地留给学生，让课堂交织着多种声音，学生之间互惠协作，进行面对面积极的交流，让小组的每个成员都承担起主人翁的责任，在这种协同学习的对话模式下，学生更有可塑性的一面。

（二）整合知识体系，发展高阶思维

"高阶思维"是美国教育学家布卢姆的"教育目标分类学"中的内容，学生受到浅表的、碎片化知识的过度影响，没有建立起写作体系，高阶思维能力就不能提升。

第一，教育主体从教师中心转换到学生中心。近年来，学生中心论一直被人们推崇，但部分一线教师还是强调传递给学生给定的教学内容，因此，定期进行测试，以发展"高阶思维"为目标的深度学习的课堂教学亟须改变这一现状，要从课堂教学这片土壤中培植新的教学模式，减轻教师对课堂的控制，强调真正以学生为主体的课堂实践，促成学生思维品质的发展，为学生高阶思维的发展奠定基础。

第二，教学内容从注重知识传递转换到注重学习过程。以发展"高阶思维"为目标的深度学习的课堂教学强调培养学生的自主学习兴趣，在课堂教学过程中生成新的内容，让学生自觉吸收课堂教学过程中的经验且运用于实践，促进学生高阶思维的发展。

第三，课堂教学氛围从封闭转换到开放。以发展"高阶思维"为目标的

深度学习的课堂教学注重在真实情境中学习，强调创造与生活紧密联系的学习氛围，在这种氛围下引发学生对现实问题的思考和批判，并且找到解决问题的方法，促成思维的发展。

二、提高学生的深度学习效率

（一）培养写作动机，促成知识的迁移

学生的写作动机是推动学生写作的动力源泉，内在动机的激发可以促成学生自主学习，达到知识的迁移。想要培养学生的写作动机，具体方式如下：

第一，制定正确的写作战略。按照"最近发展区"理论，过高或过低的目标都不利于学生写作动机的培养，这就要求教师能根据课程标准的要求制定符合学生的学习方案，通过学生的自主探究、合作探究等方式完成目标，提升学生的自信心，达到写作目标。

第二，要通过建立学习共同体，培养学生的合作意识，进行学生合作关系的深度构建。

第三，让学生体验成功，在写作上获得自豪感和幸福感，教师需要适时适当增减写作任务，课堂上以表扬和鼓励为主，有针对性地给出反馈。学生要主动挖掘自己的远景目标，培养自己正确的归因意识，教师也要引导学生进行现实的归因，帮助学生树立写作动机。

写作动机的培养是促进学生达到深度学习的重要途径，学生有了写作动机，会自觉、自动地寻找提升写作能力的渠道，比如从模仿优秀范文开始，所以教师需正确选择合理、优秀的范文供学生模仿练习，让学生首先会写作文，为学生日后形成自己的写作风格打下良好的基础。

（二）关注自主探究，构建学习共同体

"学习共同体"旨在发掘教师和学生的个性，挖掘学生和教师独特的思考，形成互帮互助、共同进步的学习共同体。构建学习共同体，教师需要正确引导学生组成的学习共同体，将学习任务下发给他们，让他们在课堂教学之前或课堂教学时在自己的共同体内相互学习，助推他们实现"与自己对话""与他者对话""与世界对话"的三个目标。相比传统课堂的形式化讨论模式，学习共同体是有生命力的，是鲜活的，它不仅仅是学习小组，更是"生活共同体""生命共同体"。当然，除了学生组成的学习共同体，教师也需要这

样做，不仅要促进学生之间互相学习，师生之间也应该互相学习。教师角色的转换告诉我们教师不仅是学习的引导者，更是课程的开发者，教师所组成的学习共同体是基于实践的行动研究，对于教师更好开发课程也起到了促进作用。

学习共同体内的每一个成员都应该是平等的，每个人都是学习者，也是教师，这种师生之间相互促进的、互惠的学习方式是现在所提倡的新型师生关系，也是形成以学生为主体的重要方式。教师、学生在共同学习的过程中，自主探究、讨论思考、相互促进，都能有效达到促进深度学习目标的达成。

第三节　交流写作范式在中学语文教学中的应用

一、交流读者取向写作与写作的要素矩阵

"写作即交流"的理念自20世纪70年代起，就开始在欧美语言教学中流行，与此观念相应的交际语言教学法是一种以语言功能项目为纲，以培养学生特定社会语境中运用语言进行交际能力为主的新的教学方法。

通俗而言，"交流读者取向写作范式力求让学生把写作看成用笔与人进行沟通交流，它的最终目的在于让学生将自己的日常生活、所见所闻、所思所感与写作这一创作活动有机地联系在一起"[①]。教师在这种写作教学模式下应围绕四个要素，即话题、角色、读者、目的四个要素，为学生建立起交际语境，带领学生思考写作内容要写什么，自己的写作立场是什么，自己写作的受众又是谁，以及写作究竟要解决什么问题。学生经过如此的思考后，便能确定自己的"交际语境"，并且更容易悟出写作的真谛就是自己的有感而发，很快学生就能掌握写作的规律，发挥主观能动性将生活经历变为素材，应用到自己的写作当中。

部分一线教师在写作教学中，时常发现学生出现不知道该写哪些内容，或者偏离主题的写作障碍。学生出现这样的写作问题，在很大程度上是没有

---

① 宋宇航. 交流写作范式在语文教学中的应用 [J]. 文学教育（上），2022（7）：114.

做好"写作的准备"，比如，"作文的主题""作文的中心观点"这些在下笔之前就应确定的核心内容，没有在学生的脑海中有一个清晰明确的概念。同时，三大范式之间的关系比起各自孤立而言更像是相互交融，相互包含。因此，我们将交流读者取向的写作范式应用到教学中，不代表要放弃文本结果写作范式中的知识讲解，相反教师应该发挥自己的综合素养，巧妙地向学生传授写作知识。

写作任务要素矩阵就是一个典型的例子。矩阵原本是数学中的一个术语，指的是相关数据以长方阵列排列。教师用这种形式，帮助学生分析写作任务的信息或者提炼范文的要素代替之前的直接给出范文让学生去仿写。例如，"为公交车上的老年人让座"这一话题作文，教师就可以带领学生分析出很多角度，既可以是相关部门发出的倡议，呼吁大家爱老敬老，论述老年人在日常出行中的不便，也可以是学生对社会问题的反思，其中既可以是对道德绑架、强行让座的反思，也可以是对道德缺失、人性冷漠的担忧。不同的角色拥有不同的立场，不同的立场必定会有不同的受众，教师将这些信息全部放在表格中，鼓励学生思考其他的可能性，在这样的教学模式下，即便是写作教学，学生一样能明显感受到自己进步的过程，会显著提升学生的参与感和成就感，这便是写作任务要素矩阵的优势，在这种模式的影响下，首先，写作教学变成了生成性课堂而不再是死气沉沉的仿写课，其次，拉近了教师与学生之间的距离，写作变得可教可学可讨论，最后，接受这种写作教学的学生思维灵活多变，创新性强，很难被文体限制，可以从容地面对试题的不确定性。

相比早些年教师让学生自行寻找议论文、记叙文两种文体的万能模板文的传统方法，交流写作范式下的写作矩阵要显得更加高效、明智。

二、交流写作范式在中学语文教学中的应用要点

交流读者写作和写作任务要素矩阵只有在教学中既保证高效率又收获高质量，才能发挥其价值，并成为一种成熟的教法。而想要实现它，则必须发挥教师的综合素养，交流读者取向写作范式对教师综合素养有着极高的要求，具体表现在以下方面：

（一）教师具备语文学科和教育教学素养

1. 教师语文学科素养

写作任务要素矩阵的教学模式要求教师必须具有极丰富的语文知识储备。

第一，教师不能只停留在针对某篇作文题目完成矩阵，还必须向学生说明矩阵如此排列的理由，为何某些立场只能和某些文体搭配。矩阵教学的最终目的是将这种分析方法教给学生，因此在此之前教师务必让学生对每种文体有一个最基本的认识，了解不同文体的特点。

第二，写作矩阵的最明显特点就是发散，而学生在发散的过程中势必会产生诸多连教师都没有预想到的角度或者立场，而这些角度或立场大部分是无法成文的，往往是因为论据不充足，可写性不强或者与文题联系过小等，教师如果想要否定学生寻找的写作角度，就必须给出令学生信服的理由，否则不仅会打压学生的积极性，失去写作矩阵的教学意义，也会影响教师在学生心中的威信，这就要求教师在引导学生发散的时候要尽可能讲解得清晰透彻，教会学生如果选取与话题有关的主流立场是对教师素养的一大考验。

第三，教师的语文素养是保证写作矩阵不流于形式的关键，写作矩阵的教学质量与教师的教学设计直接相关，只有充足的知识储备才能让教师为每一个角度寻找或写出合适的高质量范文。

2. 教师教育教学素养

交流读者写作在教师展开中偏重发挥学生的主体性，因此就要求教师对学生的学情有充分的了解。很多学生曾经一直接受范文教学，教学模式突然改变，学生很可能无法适应，写作矩阵的特性会让那些善于思考的学生成长得更快，但那些基础知识掌握牢固，变通能力差的同学就可能受到负面影响。教师必须具备良好的教学素养，尽可能关注到每个学生出现的问题，做好相应教学指导。让不同类型的学生在原有的写作基础上有所发展，这将是一项极具挑战性的任务。同时，教学资源的差异，地方文化的差异，乃至学生年龄的差异都会带来学情上的差异。学情不同，教学目标自然也要作出改变，教师想要将交流写作范式应用到写作教学当中，就必须调整教学内容，在讲解写作矩阵时，中学生应以理解为主，教师可适当增加讲授部分，力求让学生理解四要素（话题、角色、读者、目的）。

另外，教师还应追求矩阵中内容的深度，发掘同一个角色的不同的立场，不再强调文体特点而更加强调行文的内在逻辑和阐述观点的方法。而有的时候由于教学资源匮乏，学生基础差，学生很有可能无法接受，无法理解教师精心设计的写作矩阵，这时候又需要教师调整内容，将矩阵拆分，带领学生回填等。根据一线教学环境的不同有可能出现诸多难以设想的问题，如果教师没有良好的教学素养，就无法处理这些棘手的问题，写作任务要素矩阵乃至交流读者取向的写作教师也就无从谈起了。

（二）教师具有信息技术及人文社科素养

一名合格的语文教师应当力求成为一名"杂家"。如今的社会发展迅速，教师有必要采用一些现代信息技术手段，来为学生营造更生动、更有趣的写作教学课堂。写作任务要素矩阵的模式也为语文教师呈现了一个更加开阔的舞台，写作本身就是一个提取大量知识的过程，教师如果在政治、哲学、历史、地理、艺术等方面具备更多的知识，就有可能发现更好的写作角度，为学生提供更高质量的写作教学。

区别于传统的文本结果写作教学，交流读者写作范式下的写作教学是一个受教师综合素养水平影响极大的课堂，教师的个人教学水平与知识储备决定了写作课堂的上限。如果想要最大化地发挥交流写作范式的独特优势，超越传统的范文式教学实现其所无法达到的教学效果，作为中学语文教师必须有更开阔的眼界、更灵活的思维、更丰富的知识。

第四节　信息化背景下中学语文写作教学模式与应用

一、中学语文写作的微课教学模式与应用

（一）微课教学模式的认知

随着信息化时代到来，网络通信技术发展日新月异，各种微平台也在不断发展。以短小精悍的教学视频为呈现形式的微课，正在影响我国教育教学改革的发展趋势，成为日渐成熟的新型教育教学资源。微课是信息技术迅速发展的产物。微课的发展在很大程度上也促进了信息技术的发展。微课是一

种教学载体，它利用短视频的形式来阐述某一问题或观点，其旨在帮助学生学习知识、巩固知识。

1. 微课教学的原则

微课教学的原则如图 6-1 所示。

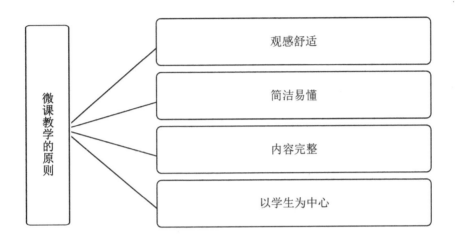

图 6-1　微课教学的原则

（1）观感舒适

一堂优秀的微课主要表现在以下三个方面：①文字简洁，微课的播放要具备适当的字幕提醒，不同时段的讲述重点要通过最简短、准确的文字呈现给受众，但是文字简洁要以内容传递的准确性和前后关联的逻辑性为前提。②画面精美，教师在微课制作前应对所教授的内容从宏观到微观都能做到主次分明、心中有数，只有这样，教师才能通过课件将其中内容的层次以独特的画面语言告诉学生。③音乐和谐。不是所有的微课都需要添加动听的音乐，但是为了取得更加完美的教学效果，教师可以适当添加能够起到舒缓学生情绪、维持学生注意力作用的乐曲。需要注意的是，不论文字、画面还是音乐，对于微课教学而言，这些都不是制作者最应该投入精力的地方，微课的关键还是在于内容的选取和讲授，切忌出现舍本求末的情况。

（2）简洁易懂

微课，重在一个"微"字，一般而言，微课教学的视频时长为 5 ~ 10 分钟，教师要想在如此短的时间内呈现最精致的教学内容，就要在微课的制作过程中力求既"精"又"简"。由于微课的内容是针对某一个重要知识点而展开的具体介绍，因而教师应该紧紧围绕核心内容进行剖析，最好能做到开门见山、直入主题。对于教师而言，能用一句话概括的内容绝不进行连篇累牍的详述，能用通俗易懂的案例绝不进行牵强附会的拓展。教师要利用精辟简洁的文字激发学生开放发散的思考，真正帮助学生实现自主性学习。

（3）内容完整

微课，虽然"形"微，但其"神"不微。微课的授课时间虽然短，但时间的压缩并不意味着质量的降低，每个微课的内容都是经由制作者严格筛选而来的最具价值的知识点，短短5分钟的视频所囊括的内容不仅主题清晰、结构完整，并且要点突出、结论明晰，其所列举的案例往往也都跟学生的日常生活紧密相关，便于学生的理解。学生虽然只是通过屏幕进行学习，却也能够真正收到和课堂教学一样的学习效果。

（4）以学生为中心

微课教学不同于传统教学，它具有主题明确、共享交流、多元真实等特点，这些特点是传统教学所不具备的。将微课应用于教学中，可以改变传统的教学模式，可以打破时空的限制。通过对微课教学的深入研究可以发现，微课教学是面向全体学生的，注重的是全体学生的发展，微课教学效果的好坏主要取决于学生的发展和学习体验。同时，微课教学服务于学生，并通过这种服务来丰富学生的学习体验，因此，教师在微课教学中还需要坚持以学生为中心的原则。

无论是教学内容和课程资源的选择，还是教学方法和教学策略的实施，都要以学生为本。与此同时，教师还应该结合学生的实际学习情况进行微课教学设计，从而使微课视频内容能够满足学生学习的需求。此外，教师对学习资源的组织也要结合学生的实际水平和学习特点，突出学生的主体地位，坚持以学生为中心的原则，这样有利于使资源的组织符合学生学习的特点，有利于提高学生学习的热情，使学生保持学习兴趣，不断学习和探索。

2. 微课教学的特征

微课教学的特征如图6-2所示。

（1）主题明确的特征

传统教学模式存在着很多的问题，比较常见的有：教学重点内容和难点内容不分明、不清晰，不利于学生把握教学的重点和难点；教学目标不明确，不利于学生了解教学方向；知识点涉及范围广，内容复杂，不利于学生提高学习效率。而微课的出现，可以解决传统教学中存在的这些问题。

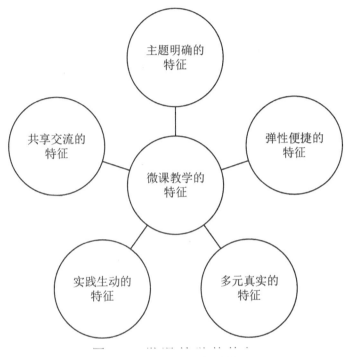

图 6-2 微课教学的特征

教师在微课的制作过程中，主要将教学中的难点知识和重点知识融到微课的制作中。由此可见，微课教学在主题上以明确为主，在内容上以简洁为主，这是传统教学无法比拟的优势。总而言之，主题明确是微课的主要特点之一。在微课制作中，教师只有明确主题，才能从中选取一些重点知识、难点知识，才能保证主题内容的典型性和代表性。与此同时，主题明确的微课教学能够激发学生学习的兴趣，有利于集中学生的注意力，同时也有利于学生快速地理解主题内容。

（2）弹性便捷的特征

传统课堂教学的时间是固定的，不具有灵活性和弹性。而微课教学却不同，它通常制作的视频时间比较短，即使一些长视频，其时间也不会超过十分钟，这种视频时间的安排更能集中学生的注意力，与学生的认知特点也十分契合。在制作微课时，教师涉及的微课资源容量较小，很多资源容量都在百兆以内，这种小容量的资源在存储过程中更加便捷。也正因如此，微课教学和微课学习成为可能。总而言之，学生在学习微课视频的过程中，不仅不会花费太多时间，还会更加集中精力进行学习，真正提高了学生学习的效率。同时，学生可随时随地进行学习，弹性地安排自己的学习时间，微课为学生的学习提供了很大的方便。

（3）多元真实的特征

多元真实的特点主要可以从多元和真实两个方面入手进行分析。

第一，微课的多元，主要强调的是微课资源的丰富性和多样性。比较常见的微课资源主要有微课视频、微课件、微练习等，这些能够为学生学习提供丰富的资源。由此可见，资源的多样性是传统教学模式无法比拟的，微课多样化的教学资源也能够促进教师的发展。

第二，微课的真实，主要强调的是教学情境的真实性。微课教学注重真实情境的创设。教师在制作微课的过程中，会将教学内容融到具体的真实情境中，从而形成微视频。与此同时，还需要指出的是，教师在创设真实情境时应该多贴近学生的现实生活，只有这样，才能促进教学目标的实现。

（4）实践生动的特征

由于微课开发的主体是广大一线教师，加之微课开发本身就是以学校的教学资源、教师的教学与学生的学习为基础的，因此，越来越多的学校利用微课这种新的学习方式进行探索研究，挖掘本校的微课建设，这本身就具有很强的实践性。在实践过程中，教师需要注意微课的表达方式，生动活泼不仅体现在微课画面设计、微课音乐设计、微课主体设计等方面，还体现互动方式、设计步骤等方面。总而言之，实践生动是微课的主要特点之一，也是微课广泛应用于教育教学中的主要原因。

（5）共享交流的特征

微课的共享性主要强调的是微课资源的共享。微课是信息技术与教学内容的有机结合，具有资源丰富、方便快捷、互动性强等特点。微课不受时间和空间的限制，学生可以充分利用自己碎片化的时间进行学习，微课实现了资源的共享。

此外，学生可以在微课平台上进行互动和交流。教师也可以充分利用微课平台的优势，将一些短视频、微课件、微练习等上传到网络平台上，学生可以在平台上与教师、同学一起学习、互动和交流。教师可以学习其他教师的微视频，从而吸收他人的教学经验，弥补自己教学的不足。教师也可以在平台上与其他教学专家进行交流和互动，在教学反思和教学互动中不断提升自己的教学能力，最终促进自身的专业发展。由此可见，微课的共享交流不仅有利于学生与教师、教师与教师、学生与学生之间的交流互动，还有利于形成平等、和谐的师生关系。更为重要的是，这种共享交流能够提高学生的学习效率，促进教师的专业成长。

3. 微课教学的作用

（1）打破传统课堂约束

第一，从学生角度而言。一是提高了学生学习的效率。无论是哪种形式的教学，教师在一节课中讲授的精华内容通常都是这节课的重点知识、难点知识和关键知识，这些精华的讲解部分也是这一节课的高潮部分，学生应该把握这一部分的学习。学生对某一知识点视觉驻留的时间一般是 20 分钟，这就要求学生快速捕捉一节课的高潮部分，并集中精力地听讲和学习。如果能够将教学的重点和难点内容制作成短视频形式，就可以集中学生的注意力，提高学生的学习效率，教师可以对教学重点知识、难点知识、考点知识等进行提炼和压缩，并将其制作成微视频的形式，供学生观看和学习，这种微视频包含了教学的重要知识点，有利于学生随时随地观看学习，这在很大程度上促进了学生效率的提高。二是有利于学生的自主学习和有选择性地学习。随着信息技术和网络技术的发展，教学的灵活性、自由性、不固定性更加凸显。学生也不需要像传统课堂教学那样，在固定的教室进行学习。学生可以根据自己的学习情况以及需要，有针对性地在网络平台上学习。与此同时，有一些知识也不需要系统学习，针对某一个小的知识点或问题，学生可以从网上或目录中快速捕捉解决方法，没有必要像传统课堂那样贯穿整堂课。由此可见，这种学习方式具有很强的针对性。学生可以针对某一问题在网络平台上自主查找，自主学习，自主选择，改变了传统教学中学生被动接受知识的局面。

第二，从教师角度而言。微课是对传统教学模式的改革和创新，这种新型的方式，不受时间和空间的限制，学生可以随时随地进行学习，有利于学生的自主学习，确立了学生的主体地位。在微课背景下，教师可以充分利用丰富的微课资源进行教学设计，并在微课平台上与其他有经验的同行进行交流学习。尽管微课改变了以教师为中心的教学模式，但这并不意味着教师就不重要了；反之，教师在教学中仍发挥着重要的指导作用。教师还应该对学生在微课平台上的学习情况进行监督，必要时，教师也应该参与进去，与学生共同学习、交流和互动。此外，教师还应该及时发现学生的问题，并及时进行纠正和指导。总而言之，微课教学对教师而言，是一种挑战。教师应该不断学习、不断充实自己，只有这样才能更好地迎接微课带来的挑战。

（2）促进教师专业成长

微课作为信息化教学的重要组成部分，在学生学习、教师发展、教学改革、实践创新等方面起着不可替代的作用。这里主要结合教师的专业发展来讨论微课的价值。

第一，有利于提高教师的教学素质和专业素养。微课在具体应用时主要体现为两种不同的形式，具体包含以下方面：一是具体而微的形式。纵观微课的整个教学设计和过程中，它囊括了整个教学过程以及教学中的重点、难点和关键点，同时涉及完整的教学环节。微课中包括新课导入、知识点剖析、内容讲解、教学评价、教学反思、习题设计等，这些完整的教学环节有利于学生全面学习知识。然而，微课中很少包括学生参与、师生互动，它主要是体现教学中的重难点、体现教师的设计思维和理念，注重教学策略的融入。微课这种展现教师教学理念、教学设计的形式与说课有着相同之处，但与说课也存在很多不同之处：从内容上而言，微课的内容更加具体；从教师方面而言，微课注重反映教师的理念。二是微小的片段。一个完整的教学过程是由很多教学环节组成的，为了突出某一个环节，设计者可以将某一环节录制成一个教学片段，这个教学片段包含的内容也很多。例如，教师如何处理教学难点、如何突出教学重点、如何凸显教学技巧等。在片段的录制过程中，要遵循真实性的原则。

总而言之，在微课制作过程中，教师需要将教学的重点知识、难点重点、关键知识等融到微视频中，而且这个微视频通常是不超过10分钟的。与此同时，教师还要在微视频中突出教学目标。这对于教师的教学素质和专业素养有着很高的要求。因此，微课在很大程度上促进了教师教学素质和专业素养的提高。

第二，有利于提升教师的信息处理能力和水平。在微课设计与制作过程中，教师可以采用多种方式，最常用的方式有加工改造式和原创开发式。

一是加工改造式的对象是传统课堂，呈现方式是多媒体。换言之，就是对学校中已经存在的教学视频、教学课件等进行加工、整理、编辑等，然后融入一些其他的资源，进行提炼、压缩等处理，使之形成短视频。这就是微课的加工改造式过程。

二是原创开发式强调的是微课制作和设计的原创性，这种方式不仅有利于微课的原始制作，还有利于微课资源的开发。利用原创开发式制作微课视频，需要多种技术手段的支持。因此，教师应该在具体制作过程中，根据实际需要科学选择技术手段，从而保证微课的质量和效果。

微课是一个教学载体，承载着教学过程、教学目标、教学环节、教学内容等。因此，教师在制作微课时，不仅要考虑视频，而且要考虑网络技术、学生因素等。只有综合各种因素，才能制作出优秀的微课，也才能为学生提供高质量的学习资源。在微课制作过程中，不仅需要技术手段，而且需要保证软件的新颖性。只有具备较高信息处理能力的教师才能满足微课的技术和软件要求。可见，微课的制作在很大程度上能够促进教师信息处理能力的提高。

（3）指明教学资源建设新方向

传统教学也十分注重教学资源建设，但传统教学在建设教学资源时更加倾向于以课时为模块，这种教学资源的开发形式需要很长的时间，且涉及范围过于广泛。随着教学资源的发展，传统教学信息资源受到教育者的广泛关注，传统教学信息资源虽然比传统的教学资源有所改进，但仍然还存在很多的问题。例如，教育者根据新课程标准，结合时代发展和学术潮流进行传统教学信息资源建设，过度强调这种"大"环境对教学资源的影响，忽略了教学资源的具体应用，最终导致教学资源只符合新课程标准，不适应具体的教学情境。

教育教学资源建设旨在促进教育教学的发展。如果教育教学资源建设与教学应用相脱离，那么教育教学资源建设就毫无意义。只有将教育教学资源建设融入教育教学中，才能在一定程度上满足教育教学的需要。同时，教育教学资源也只有在教学应用中才能生成新的教育教学资源，从而促进教学目标的实现。微课具有很强的针对性，它主要针对教学中某个知识点或某个环节，它的产生与教学中存在的问题密切相关。要想更好地使用微课，就应该注重微课的制作。微课制作包括很多方面的内容，如视频片段、教学目标、教学过程、教学反思、教学评价等。微课为学生提供的是一个"微"环境。这种"微"环境打破了传统教学的限制，为学生提供了随时随地学习的环境，这种"微"环境丰富了传统的教育教学资源，在很大程度上提高了教学效率。

（二）微课在中学语文写作教学中的应用策略

1. 营造情境，打开写作的思路

中学生具有一定的写作经验，可以较快地完成一篇习作，但要写出内涵丰富、意义深刻的作文，还需要营造情境，帮助学生打开思路。在写作训练中，学生在描写人物、抒发感情时仍有不足，很难让人产生代入感，也就是作文不生动，究其原因，与学生的写作思路有关。有时，学生被一件事或某个人打动，但产生的触动转瞬即逝，没有形成文字，导致在写作时找不到切入点，不能很好地将写作与生活相结合。我们可以借助微课营造情境，在微课中展示与本课教学相关的情境，用视频、图画、音频的方式营造氛围，让学生回忆起相关的场景。

生活中有许多具有感染力、富有内涵的场景，学生由于缺乏敏锐的观察力，因此容易忽视这些写作素材。利用微课营造与写作主题相关的情境后，学生的写作思路打开了，会产生强烈的表达欲，使其在写作时思如泉涌，流畅地表达自己的想法。

2. 分层施教，促进个性化学习

写作教学面向全体学生，应考虑到学生的学习特点和写作能力各不相同。在微课教学中要灵活设计教学内容，实施分层施教，将系统性知识点拆分成多个短视频，利用灵活简洁的视频启发学生，满足不同的学习需求。学生的性格不同，面对相同景物产生的感悟不同，写作时的风格也大相径庭。例如，下雪时，有的学生眼中是北风中白雪漫天飞舞，感受到大自然的生命力，写作时思路开阔，气势磅礴；有的学生观察仔细，情感细腻，喜欢用优美的语言凸显雪的纯洁美丽。教学中应减少对学生的限制，只要是学生发自内心的感受，就应该积极鼓励。

应用微课时，应将写作技巧和素材拆分出来，讲到有代表性的内容时，要邀请学生分享自己的观点。分层施教前，要了解学生的写作水平，分析学生在写作中存在哪些不足，并针对这些问题设计微课。例如，教学生描写人物的个性时，可以先展示几段对人物肖像的描写，让学生从所给的图片中找出与之相符的人物，借此加强学生对肖像描写的重视。随后，可以挑选平时写作中很少描写肖像的学生，让其对特定的人物进行描述，然后让其他同学猜一猜，看看他说的是谁。一些学生擅长描写人物，可以邀请其为同学做示范，分享写作思路。应用微课教学时，要注重课堂互动，引导不同水平的学生分享经验，加强训练，调动大家的写作积极性。

二、中学语文写作的翻转课堂教学模式与应用

（一）翻转课堂教学模式的认知

1. 翻转课堂教学模式产生的背景

（1）信息化时代背景

随着信息技术的不断发展，它对人们的影响也深入社会的方方面面。中学教学想要实现自身的改革与发展，也需要提高课堂效率，实现个性化学习，从而逐步提高学生的合作能力。随着社会的进步，人类的科技更为发达，空间技术、电子计算机技术以及原子能技术等的发展促使人类的生产与管理活动更加先进。第三次科技革命的发展使得信息技术获得了飞速发展，并且对社会产生了极为深远的影响。

当前社会处于数字化以及信息化时代的转型时期，新技术的发展也给各行各业带来了新的发展机遇，在当前时代，教育领域应该重新审视教育的模式以及方法，并应该将新技术运用到教学中，让教学发挥更大的实效性，处于信息化的潮流中，教育的目标之一必然包含着让人们拥有获取信息、分析信息、处理信息的能力。在不同的教育方面以及环节，信息技术都会对其产生颠覆性的影响，当前的信息技术不仅改变了学生们学习的习惯，并且也会逐步改变学校教育的模式，所以，当前的学校也应该及时转变教育理念，积极探索信息革命下教育变革的方法与方向。

（2）亟须变革的教育实际

在网络技术发展的背景下，人类社会显然已经步入了信息化时代，在当下，人们不仅仅需要具备专业技能，还应该拥有一定的信息化能力，如应该掌握各种信息技术，并且能学会处理各种突发状况；应该拥有自己独特的想法；应积极学习新的事物等。因此，当前教育的目标与以往相比显得更为丰富了，也更加重视个人的成长。

（3）求知创新的社会需要

当前社会的生活节奏较快，并且对每个个体都提出了更高的要求，因此人们学习各种新鲜的事物的节奏也要加快，并且需要做一个积极的求知者，因为任何人要想不被社会淘汰，都应该保持随时学习的状态，这样才能适应瞬息万变的社会发展，去应对未来的不确定性。人们需要紧跟时代的步伐，在新的社会背景下重新审视自己的工作与生活，当前社会所需要的不仅是具

有知识与技能的人才，还对人才的学习能力、发展潜力以及创新能力等提出了更高的要求，这就促使教师重新审视教育问题，怎样去培养学生，才能让学生获得更好的发展。

（4）学生的差异化需求

不同的学生个体之间都是独特的，并且都存在差异，这些差异主要表现在以下方面：

第一，认知差异。认知方式又被称为认知风格，是学生在组织以及加工信息的过程中所表现出来的个体差异，其实质是个体在感知、思维、记忆等认知过程中所表现出来的不同的态度与方式。例如，部分学生喜欢在安静的环境中去学习，但是对于有些学生而言，那些嘈杂的环境也并不影响他们的学习进度，有些学生拥有极强的逻辑思维能力，但是有些学生却擅长形象思维，学生的认知风格是各有差异的。

第二，学习风格差异。学习风格是学生在学习过程中喜欢并习惯了的学习方式，代表的是学生学习策略以及学习倾向的总和。不同学生的学习方式是不同的，学习风格并没有好与坏的区分，和智力也没有过多的关系，对于具有不同学习风格的学生来说，他们对知识点的掌握也是有差异的。在传统的课堂上，部分学生并没有足够的时间吸收课上的知识，但是知识的内化显然是需要一段时间的，如果给那些学得慢的学生足够的时间去消化所学的知识，他们或许会拥有更加牢固和长久的记忆。

第三，学习动机差异。学习动机也属于一种非智力影响因素，包含学习的兴趣、学习的意志力等，能够起到维持和激发学生学习的作用，学习动机并不会对学生的认知过程有直接的影响，但是会间接增强学生的学习效果。例如，有些学生拥有较强的学习意志力，能够在一段较长时间内保持良好的学习状态，所以在教学的过程中，教师应该关注不同学生学习的非智力因素，根据学生的差异，制定出不同的学习目标，让学生获得个性化的支持与指导。不同的学生个体都存在独特的认知方式，这些特质结合在一起就构成了不同的学生个体，在这个重视个性的时代，教师就应该善于发现学生的个性，并让其得到最大限度的发展。

2. 翻转课堂教学模式的特征

翻转课堂下的学习则将课堂变成了教师与学生以及学生与学生互动的场所，知识的获取是通过课后看视频获得的，这样就可以让学生有足够的时间去内化课堂知识,通过课堂的讨论,学生也会对这个知识点有更加深入的认知。翻转课堂是由教师创建教学视频供学生在课前观看,在课堂上通过师生的面对面交流从而让知识得到传播的一个过程。作为一种新型的教学模式,翻转课堂实现了对传统教学结构的重构。

(1)颠覆传统教学的过程

与传统课堂相比,翻转课堂最大的特征是颠覆了传统的教学过程。在过去,教师是在课堂上讲解各知识点的,学生则选择在课下完成教师布置的作业,显然,知识的传授是在课堂上进行的,知识的内化环节是在课后完成的。

但是在翻转课堂模式下,学生会在课前提前观看教师发布的教学视频,从而完成知识的学习,显然,知识的内化过程是放在课前完成的;在课堂上,学生就会把不明白的问题向教师请教,教师就会给出有针对性的指导。此外,学生还可以通过小组讨论的方式实现对知识的内化,从而达到学以致用的目标;在课后,学生就会借助各种教学资料实现对所学知识的巩固与深化,翻转课堂已经颠覆了传统的教学过程。

(2)重新划分课堂的时间

在翻转课堂模式下,学生拥有了更多的学习活动时间。在翻转课堂中,课堂上的大部分时间留给了学生,他们可以通过相互讨论加深对知识的理解,也可以获得教师更加具有针对性的指导。原本在课堂上讲授的知识被转移到了课下,却没有减少学生学习的知识量,并且还增加了不同学生之间的交流,这一转变显然可以加深学生对知识的理解。此外,教师在评价学生的时候,也会将课堂中的交互考虑在内。根据教师的评价,学生可以及时了解自己的学习情况,更好地掌握相关知识,在翻转课堂模式下,需要教师重新分配课堂时间从而实现课堂时间的高效利用。

(3)师生的角色转变

在教学的过程中,教师与学生的角色已经发生了变化,此时学生已经成了学习的中心。在学生需要指导的时候,教师应该给他们提供必要的支持。显然,教师成了学生获取资源、处理信息的帮手,这就意味着在当前的教学模式下,教师已经不再是课堂的中心,其已经变成教学的积极支持者,并且教师也需要提高自身的能力从而应对教学环境的转变,如教师应该学会制作视频资源,学会更好地管理课堂等。在完成某一个单元之后,教师需要检测学生知识的完成情况,学生也能对自己的知识储备有一个大致的把握。

在传统课堂的课后知识内化过程中,如果没有得到教师的支持,学生往往会有一种挫败感，长此以往，就会丧失学习的兴趣。在翻转课堂模式下，学生摆脱了传统模式下被动接受知识的角色，成了知识意义的主动建构者，他们完全可以根据自己的步调选择学习的进度，对于难以理解的地方可以通过反复观看视频直到自己弄懂为止。在课堂上，学生也可以参与课堂中，与教师以及同学一同完成某一任务，显然，学生的角色变为知识的主动探究者。

（4）创新知识传授的方式

在翻转课堂中，教学视频是组成课堂的重要部分，教师应该提前准备各种教学视频以供学生学习。对于教学视频的讲授而言，所针对的往往是某一个特定的主题，所用的时间比较短，大多数会维持在十分钟以内。在观看视频的时候，学生可以随时按下暂停键，也可以选择重播，学生就可以根据自己的进度控制学习进程。在课前观看视频，学生的学习氛围会更加轻松，不需要像在课堂上那样紧张，也不必担心会遗漏各种知识点，以视频呈现为主的讲授方式还有利于学生课后对知识的巩固。

（二）翻转课堂在中学语文写作教学中的应用策略

1. 做好作文课前准备

翻转课堂教学模式实践应用前，教师需要做好充分的准备。首先，教师需要根据教学内容以及学生的实际接受能力，制定科学合理的教学目标，目标不能过高，也不能过低。教师需要仔细钻研教材内容，掌握学生的实际写作状况，切实了解他们的发展需要，并且结合学生的水平，制定具有针对性、趣味性的教学方案。其次，教师需要在课前录制视频，利用互联网收集相关的教学素材，将这些素材内容应用至视频录制中，还需要在后期适当地修改和编辑。需要注意的是，翻转课堂教学的视频内容不宜冗长，且应具有趣味性。最后，教师需要求学生在网站下载好视频，自主学习，并提示学生反复观看，认真思考，也可以与其他学生一起观看，组成小组讨论，可以在学习过程中重点把握具体细节，学习写作技巧。

2. 认真落实教学过程

课下学习后，教师在课堂为学生答疑解惑，并就写作技巧方面的问题组织学生讨论，通过集思广益让学生获得写作的灵感，帮助学生积累写作素材。学生需要在教师布置写作任务后，自主写作，遇到写作障碍时，教师可以教授学生写作技巧，或是开展仿写训练，帮助学生扫清障碍，让其顺利完成写作。

批改作文时，教师需要注意批改形式，以鼓励的形式批改作文，能够激励学生写作。教师组织学生互相批改作文，让学生在看到别人作文的优秀之处能够认识到自己作文的不足之处，取其精华。之后，教师需要展示优秀作品，可以在教室的某一区域统一展示，让学生利用课下时间观摩与学习，以达到共同进步的目的。

3. 课后开展有效评价

作文评价尤为关键，因此，教师需要认真对待这一环节，充分发挥作文评价的作用。教师可以采用分层评价的方式，具体操作如下：首先，对作文写得好的学生，教师要给予正面评价，并给出提升建议，让其写作能力进一步提高；其次，对后进生的评价，教师需要有耐心，以鼓励的形式，对学生作文中出现的问题进行指导，利用优秀作文对其加以引导，发挥榜样力量。

第五节　分层教学模式在中学语文写作教学中的应用

"分层教学模式是在班级授课制形式下的基于学生差异基础上的一种个性化教学形式。其主张以教育教学目的为要求，对认知能力上存在差异的不同学生，分别采用不同层次的教学措施进行应对，就不同层次的学生设计出不同的教学目标、教学内容和教学方法。"[①]在这一过程中，既要重视教学中的统一目标，突出教学要求的一致性，又要注意学生的个体差异，突出教学目标的层次性，做到使不同层次的学生在学习中人人都能有兴趣、有所得。分层教学模式在中学语文写作教学中的应用策略具体介绍如下。

一、合理进行分层

教师在对学生进行分层的时候，可以分为 A，B，C 三组，A 组为学习较为优秀的学生，B 组就是中上等良好的学生，C 组则是学习并不理想，处于

---

① 纪艳红. 分层教学模式在初中语文写作教学中的应用研究 [D]. 镇江：江苏大学，2019：16.

中下等的学生。在分配的时候教师应充分关注学生的自尊心，教师应该向学生详细地讲解分层教学的含义和意义，防止有些学生被分到 C 组后，认为自己不够优秀，产生自卑心理，从而丧失对学习的兴趣。教师一定告知学生这种分组不是固定的，如果 C 组的学生后面经过自己的努力，有了较大进步，完全可以把他划分到相应的组中去，这种方式有效提升了学生的竞争力，增强了学生的学习热情。在日常的教学当中，教师应该避免给学习能力相对较差的学生贴上"差等生""差生"等标签，教师应公平对待每一名学生，积极鼓励能力差的学生向前追赶，与学生建立和谐友好的师生关系。

二、小组协作相互点评

在写作课堂上，教师可以根据三个小组不同的层次，安排不同难度的作文主题和不同的标准。不管是哪个组，只要达到了相应的作文标准，教师都应给予肯定，不要用相同的标准去衡量所有的学生，这样会使 C 组的学生无法享受到被肯定的满足感，认为自己怎样都无法获得教师的表扬，慢慢就会对写作丧失兴趣。在写作课堂上，为提高学生的写作兴趣，教师可以采取小组点评的方式，学生写完作文后，不再由教师直接收取点评，而是经过小组相互点评修改后最后再上交给教师进行评改，学生互评总是要比学生和教师之间更为亲近和放松，所以，学生之间相互帮助，更能使学生放开大胆地表达自己。

三、对教学内容进行合理分层

在教学过程中，如果教师让所有学生在同一条起跑线的话，好的学生会更好，较差的学生会更差，学生与学生之间的差距会变越来越大。教师给学生布置写作任务的时候，按照不同层次分的小组安排不同难度的写作任务，对于 A 组的学生，教师可以适当安排一些拔高的题目，使学生面对题目的时候往更深的方向思考，也要学会多方面的思考，培养学生灵活的创新思维。B 组的学生可以安排教学大纲上所要求的难度或者适当增加一些提高的内容，使学生可以对学过的手法技巧进行巩固和锤炼，并加以运用和提升。而对于 C 组的学生，教师应该布置一些最基础、简单的题目内容，从基础开始学习，或给学生提供一些范文作为参考，只有基础足够牢固，今后的学习才能越来越顺利。对基础差的学生，教师可以多给予帮助和指导，比如，帮他们的作文开个头，使学生可以更加顺利地进行下去。教师更应该采取鼓励的方式，积极地对学生进行鼓励和肯定，使学生看到自己学习的成果并得到教师的认可，让他们知道只要努力就会有收获。

参考文献

[1] 常福胜.中学语文探究性学习研究 [J].文学教育（下），2013（11）：38.

[2] 陈丹妮.中学语文教学中的微型写作教学研究 [D].漳州：闽南师范大学，2016：15.

[3] 陈彦彦，姚攀峰.以群文阅读促进写作教学 [J].中学语文教学参考，2022（10）：67-69.

[4] 戴蓉菁.高中语文学习任务群的教学策略研究 [J].新教育时代电子杂志（教师版），2021（40）：57.

[5] 邓大雪.高中读写结合教学模式研究 [D].桂林：广西师范大学，2015：25.

[6] 冯海英.中学语文教学内容确定的依据 [J].教学与管理，2019（13）：44.

[7] 耿红卫，吴曼.高中语文写作教学的发展研究 [J].河北师范大学学报（教育科学版），2022，24（2）：127-134.

[8] 贾时敏.写作教学的"三个一"策略 [J].中学语文教学参考，2022（4）：72-73.

[9] 江翠.中学语文教学课堂提问的有效性研究 [J].文理导航·教育研究与实践，2013（12）：3.

[10] 李栋，张雪.简论中学写作教学的创新方式 [J].写作，2017（22）：13-14.

[11] 李记喜.浅谈如何提高中学语文写作教学的有效性 [J].现代妇女（理论版），2013（2）：107.

[12] 李卫东.整本书阅读教学的几种偏向 [J].中学语文教学，2018(1)：7-10.

[13] 李志清.读写联动教学献策 [J].中学语文教学参考，2022（8）：58-60.

[14] 陆艺之.提升初中语文课堂教学有效性的方法 [J].软件（电子版），2020（1）：21.

[15] 马秀丽.先研·共读·分享——教研型整本书阅读教学思考与实践 [J].中学语文教学参考，2022（2）：16-19.

[16] 倪岗，付冬薇，甘纪亮．整本书阅读教学中驱动性问题的设计与应用 [J]. 语文建设，2021（21）：9-14.

[17] 乔桂英，刘晓晓．知识支架运用于中学语文微写作教学的策略 [J]. 教学与管理（理论版），2018（12）：99-101.

[18] 荣维东，王浩．任务群背景下写作应该分类并教 [J]. 中学语文教学，2022（9）：40-44.

[19] 宋宇航．交流写作范式在语文教学中的应用 [J]. 文学教育（上），2022（7）：114.

[20] 田艺炜，刘力菀．指向核心素养的高中英语整本书阅读教学实践 [J]. 教学与管理（中学版），2022（5）：48-51.

[24] 王冠楠，徐鹏．任务驱动式整本书阅读教学：学理辨析与实施建议 [J]. 语文建设，2021（21）：4-8.

[22] 王耀华．提升中学语文写作教学水平的策略研究 [J]. 中学时代，2013（12）：85.

[23] 韦东平．读中学写，写中思读——初中语文读写结合教学模式探析 [J]. 天天爱科学（教学研究），2023（1）：178.

[24] 徐慧．试论整本书阅读教学 [J]. 中学语文（下旬·大语文论坛），2022（1）：39.

[25] 杨恂骅．在整本书阅读教学中渗透说书艺术 [J]. 中学语文教学参考，2023（4）：72-74.

[26] 姚攀峰．读中学写以写促读 [J]. 中学语文教学参考，2022（4）：70-71.

[27] 叶娉婷．记叙文铺垫的作用 [J]. 中学语文教学参考，2022（30）：73-75.

[28] 尹微微．习题兼写作何乐而不为 [J]. 中学语文教学参考，2022（3）：76-77.

[29] 张斗和．教师如何进行教学论文写作——以中学语文为例 [J]. 中小学教师培训，2013（7）：33-35.

[30] 张虎．初中语文生活化课堂的打造 [J]. 语文教学与研究，2017（32）：81.

[31] 张金付．以评促写，为写作教学插上翅膀 [J]. 语文建设，2022（21）：71-73.

[32] 赵玉河．关于微写作命题方式的研究 [J]. 中学语文教学参考，2022（6）：91-92.

[33] 周慧敏．深度学习视域的初中语文写作教学研究 [D]. 西宁：青海师范大学，

2021：10.

[34] 周晓华.中学语文写作教学中的创新教育探讨 [J]. 福建教育学院学报，2017，18（6）：16.

[35] 纪艳红.分层教学模式在初中语文写作教学中的应用研究 [D]. 镇江：江苏大学，2019：16.